Hundebibliothek

Bechtold	Ausbildung zum Schutzhund
Beuttler	Das Buch vom Yorkie
Beuttler	Der Yorkshireterrier
Daub	Basset und Beagle
Daub/Gentner	Unser Hund wird ausgestellt
Feddersen-Petersen	Hundepsychologie
Fleig	Der Bull Terrier
Frankling	Der Dalmatiner
Gutmann	Herr und Hund im Recht
Heger	Hundehaltung
Herl	Der Cockerspaniel
Jens/Kindt	Der Chow-Chow
Kamphausen	Der Dackel
Klein	Der Dobermann
Kolbe	Der Airedale-Terrier
Kolbe	West Highland White- und Cairn Terrier
Kolbe/Braun	Nordische Hunde, Schlittenhunde
Kürschner	Die Retriever
Middelhaufe	Das Buch vom Cocker
Nelissen-Haken	Ein Dackel namens Fidibus
Nouč	Peking-Palasthund und Shih Tzu
Nouč	Tibetische Hunde
Novotny/Najman	Der Kosmos-Hundeführer
Obermark	Der Hovawart
Ochsenbein	Der Rottweiler
Piech	Der Boxer
Powell	Das schmeckt meinem Hund
Räber	Schweizer Sennenhunde
Rakow	Der homöopathische Hundedoktor
Schindler	Der Leonberger Hund
Schmidt	Deutsche Spitze
Schnabel	Unser Hund wird gut erzogen
Schneider	Hundekrankheiten
Schritt	Windhunde
Schwoyer	Ausbildung und Haltung des Jagdhundes
Schwoyer	Erfahrungen mit Settern
Schwoyer	Die Jagdhunde
Schwoyer	Setter und Pointer
Schwoyer	Vom Junghund zum Jagdhund
Teubert	Ungarische Hirtenhunde
Türk	Der Deutsche Schäferhund
Vogeler	Collie und Sheltie
Wirtz	Der Pudel
Wirtz	Welpenaufzucht

Unsere Heimtiere

Mai	Unser Pudel
Middelhaufe	Unser Hund
Middelhaufe	Unser Cocker

kosmos *Hundebibliothek*

Dr. med. vet. Barbara Rakow

Der homöopathische Hundedoktor

Naturheilkunde und Naturheilmittel für unseren kranken Hund

Kosmos
Gesellschaft der Naturfreunde
Franckh'sche Verlagshandlung
Stuttgart

25 Fotos von Blasius (1), Bruin (1), Deutsche Homöopathie-Union (12), Krämer-Vogeler (3), Prenzel-IFA (1), Rakow (7)
6 Zeichnungen von Golte-Bechtle (5) und Hohrath (1)

Umschlaggestaltung von Kaselow Design unter Verwendung eines Fotos von Karin Skogstad

CIP-Kurztitelaufnahme der Deutschen Bibliothek

Rakow, Barbara:
Der homöopathische Hundedoktor: Naturheilkunde u. Naturheilmittel für unseren kranken Hund/Barbara Rakow. – Stuttgart: Franckh, 1987
   (Kosmos-Hundebibliothek)
   ISBN 3-440-05722-4

Franckh'sche Verlagshandlung, W. Keller & Co., Stuttgart / 1987
Das Werk, einschließlich aller seiner Teile, ist urheberrechtlich geschützt. Jede Verwertung außerhalb der engen Grenzen des Urheberrechtsgesetzes ist ohne Zustimmung des Verlages unzulässig und strafbar. Das gilt insbesondere für Vervielfältigungen, Übersetzungen, Mikroverfilmungen und die Einspeicherung und Verarbeitung in elektronischen Systemen.
© 1987, Franckh'sche Verlagshandlung,
W. Keller & Co., Stuttgart
Printed in Italy/Imprimé en Italie
L 9sp H rr / ISBN 3-440-05722-4
Satz: G. Müller, Heilbronn
Reproduktion, Druck und Buchbinder:
Grafiche Muzzio, Padua, Italien

Der homöopathische Hundedoktor

**Naturheilmittel für den Hund –
Möglichkeiten und Grenzen** 7

Grundgedanken der Homöopathie .. 8
   Simile-Prinzip 8
   Arzneimittelprüfung/Arzneimittelbild 9
   Potenzierung..................... 9
   Zubereitungsformen................ 11
   Dosierung....................... 12
   Ausgangsstoffe für homöopathische
   Arzneimittel..................... 13

**Behandlung mit homöopathischen
Arzneimitteln**..................... 14
   Behandlung von Verletzungen 14
      Wundreinigung – Wundbehandlung 16
      Bluterguß (Hämatom)............. 19
      Blutverlust, Schock 19
      Zeckenbisse..................... 19
      Stich- und Schnittwunden 20
      *Alte und infizierte Wunden,
      Abszesse* 20
      Nachbehandlung von Abszessen ... 22
      Ausheilung von Wunden 22
   Erkrankungen des Bewegungs-
   apparates 23
      *Verstauchung, Verrenkung
      (Distorsion)* 23
      Prellungen..................... 26
      Fraktur (Knochenbruch) 26
      Erkrankungen der Wirbelsäule 28
   Infektions- und Fiebermittel 32
   Erkrankungen am Ohr 35
      Akute Gehörgangsentzündung..... 35
      Ohrmilben..................... 35
      *Akute, eitrige Gehörgangs-
      entzündung*.................... 36

      *Subakute, eitrige Gehörgangs-
      entzündung*.................... 36
      *Chronische Gehörgangs-
      entzündung*.................... 37
      *Mittelohrentzündung
      (Otitis media)* 38
   Erkrankungen der Augen............ 38
      *Bindehautentzündung
      (Konjunktivitis)*.................. 38
      Hornhautentzündung (Keratitis).... 41
      Grauer Star (Linsentrübung)....... 42
   Erkrankungen von Mundhöhle und
   Rachen 42
      *Entzündung und Verätzung
      von Zahnfleisch (Gingivitis),
      Zunge (Glossitis)
      und Rachen (Pharyngitis)*......... 43
      *Entzündung der Mandeln (Tonsillitis)
      und der Halslymphknoten
      (Lymphadenitis)* 44
   Erkrankungen von Bronchien
   und Lunge 45
      Hustenmittel................... 46
      Lungenödem................... 49
      Chronisches »Hüsteln« 49
   Erkrankungen von Magen und Darm 50
      Erbrechen und Durchfall 52
      Parvovirose.................... 54
      Verstopfung.................... 54
      *Entzündung und Erweiterung
      des Enddarms*.................. 55
   Erkrankungen der Leber............ 55
   Erkrankungen der Harnwege 56
      Blasenentzündung (Cystitis) 57
      *Entzündung von Nierenbecken und
      Niere (Pyelitis, Nephritis)* 57
      Harnträufeln................... 59

Erkrankungen von Herz und Kreislauf	60	*Während der Geburt*	76
Erkrankungen der Analbeutel	63	*Nach der Geburt*	76
Analbeutelabszeß	64	*Gesäugeentzündung (Mastitis)*	76
Erkrankungen der Haut	65	*Milchmangel*	78
Hauterkrankungen durch Stoffwechselstörungen	66	*Milchstau*	79
Hormonell bedingte Hauterkrankungen	68	*Hängegesäuge*	79
		Scheinträchtigkeit (Lactatio falsa)	80
Leckekzem	69	*Erschöpfung und Fellstörung nach der Geburt*	81
Juckende und allergisch bedingte Ekzeme	70	Behandlung von Welpen	82
Zwischenzehenekzem	70	*Blähungen, Schluckauf der Welpen*	83
Warzen	71	*Verstopfung bei Welpen*	84
Fahrkrankheit	71	*Aufzucht von Welpen*	84
Behandlung der Hündin	72	Fettleibigkeit	85
Fruchtbarkeitsstörungen, Störungen der Läufigkeit	72	Abmagerung	87
Scheidenentzündung (Vaginitis)	73	**Anhang**	88
Die trächtige Hündin	74	Liste der im Text genannten Arzneimittel	88
Vor der Geburt	74	Literaturverzeichnis/Literaturhinweise	93
		Sachregister	93

Naturheilmittel für den Hund – Möglichkeiten und Grenzen

In zunehmendem Maße wird heute auch bei unseren Haustieren nach der Behandlung mit Naturheilmitteln gefragt. Der Wunsch, das Leben des Hausgenossen so lange wie möglich zu erhalten, ist sehr groß. Die medizinischen Möglichkeiten bei der Behandlung unserer Hunde sind weit fortgeschritten.

Dennoch machen Funktionsstörungen von Leber und Niere, Folgen von Fehlernährung, Hauterkrankungen usw. in zunehmendem Maße Probleme. Die Behandlung mit chemischen Arzneimitteln ist nicht frei von Nebenwirkungen, die Behandlungserfolge sind oft nur kurzzeitig oder nicht befriedigend. Auch beim Hund beobachten wir gehäuft Folgeerkrankungen und Folgeschäden durch Medikamente.

Es ist daher verständlich, daß bei der Behandlung unserer Hunde der Wunsch nach der Anwendung von Naturheilmitteln bei Tierbesitzern, aber auch bei Tierärzten, immer größer wird.

Dieses Buch ist Einführung und Wegweiser für interessierte Tierbesitzer. Es soll aufzeigen, wie Naturheilmittel wirken und erfolgreich angewandt werden können.

Es kann keineswegs den Weg zum Tierarzt ersetzen, der allein ein krankes Tier fachgerecht untersuchen und die Diagnose stellen kann. Es kann auch keineswegs dringend notwendige Operationen wie Kaiserschnitt, eine chirurgische Wundversorgung nach einem Unfall oder eine Blasenoperation bei Steinansammlung ersetzen.

Der Wert des Buches soll darin liegen, bei leichteren Erkrankungen Naturheilmittel einzusetzen, die frei von Nebenwirkungen mit einer den chemischen Arzneimitteln entsprechenden Wirksamkeit sind.

Dabei wurden mit Absicht nur solche Erkrankungen und Krankheitsbilder aufgeführt, die auch von einem mit seinen Tieren vertrauten Laien mit einiger Sicherheit erkannt werden können.

Beim Ausbleiben des Behandlungserfolges ist unbedingt das Aufsuchen eines Tierarztes anzuraten, da nur er entscheiden kann, ob es sich um einen verzögerten Wirkungseintritt handelt oder ob vielleicht eine ganz andere Erkrankung vorliegt, als dies nach den äußerlich sichtbaren Symptomen erscheint.

Im wesentlichen werden in diesem Buch *homöopathische* Arzneimittel genannt, daneben einige äußerlich anwendbare Wundheilmittel auf pflanzlicher Basis. Es wurde bewußt auf die Darstellung der übrigen Naturheilverfahren und die nahezu unüberschaubare Zahl der sogenannten phytotherapeutischen, d.h. aus Pflanzenextrakten und Tees hergestellten Arzneimittel verzichtet. Sie würden den Rahmen dieses Buches sprengen.

Die Grundprinzipien der homöopathischen Therapie werden in den folgenden Kapiteln in einer für Laien verständlichen Form dargestellt. Die *Homöopathie* ist eine genau definierte und klar umrissene Therapieform, die sowohl bei akuten Erkrankungen schnelle Hilfe zu leisten

Abb. 2. Samuel Hahnemann (1755–1843), Begründer der Homöopathie (Foto: DHU)

vermag als auch schon länger bestehende Veränderungen und chronische Krankheitszustände heilen bzw. lindern kann.

Homöopathische Therapie versteht sich als Regulationstherapie. Die natürlichen Regulations-und Ausheilungsvorgänge, die körpereigenen Abwehrkräfte werden mobilisiert. Die Grenzen dieser Methode sind erreicht, wo Organ- oder Systemveränderungen so weit fortgeschritten sind, daß eine Regulation oder Regeneration nicht mehr möglich ist. Eine völlig degenerierte Leber oder Niere vermag man daher auch homöopathisch nicht mehr zu heilen. Der Vorteil der homöopathischen Therapie liegt darin, daß nicht einfach Symptome unterdrückt werden (wie bei der Therapie mit chemischen Medikamenten), sondern Ausheilung und Wiederherstellung der Funktion von erkranktem Gewebe angeregt werden. Homöopathische Arzneimittel sind frei von Nebenwirkungen. Die Tiere sind daher fast immer bei sehr gutem Allgemeinbefinden und beginnen schneller mit der Futteraufnahme. Ihre Krankheit scheint ihnen weniger auszumachen. Auch bei chronischen Veränderungen, wo nicht mehr mit einer vollständigen Ausheilung zu rechnen ist, fühlen sie sich lange Zeit wohl, und das Leben wird ihnen keineswegs zur Qual.

Homöopathische Arzneimittel eignen sich für Hunde aller Rassen, für Welpen, Jungtiere und alte Tiere, für tragende und säugende Hündinnen.

Grundgedanken der Homöopathie

Simile-Prinzip

Begründer der Homöopathie war Samuel Hahnemann (1755–1843, Abb. 2, S. 6). Er entdeckte in seinem berühmten Chinarinden-Versuch, daß eine kleine Dosis der Chinarinde bei ihm ein ähnliches Wechselfieber erzeugte, wie er es von seinen Malaria-Schüben her kannte. Er schloß daraus, daß eine kleine Dosis dieser Chinarinde in der Lage sein müsse, ein solches Fieber zu heilen.

Bekannt wurde dieses Behandlungsprinzip als »Ähnlichkeitsregel«: »Similia similibus curentur«, d.h., Ähnliches wird durch Ähnliches geheilt. Eine kleine Dosis einer Arznei ist in der Lage, am kranken Menschen ähnliche Symptome zu heilen wie die, die sie am gesunden Menschen erzeugen kann.

Hahnemann nannte diese Therapieform »Homöopathie«. Das Wort leitet sich ab aus dem Griechischen: »homoios« = ähnlich und »pathos« = Leiden.

Die Homöopathie steht damit im Gegensatz zu dem in der Medizin sonst vorherrschenden Prinzip der sogenannten »Allopathie« (allos = anders), das heißt, das einzusetzende Arzneimittel wirkt »anders« als das Leiden, ist der Krankheit entgegengesetzt. Bei Fieber werden beispielsweise fiebersenkende Mittel verabreicht, bei Durchfall stopfende Medikamente usw.

Bei homöopathischer Therapie bekommt ein fiebernder Hund z.B. Lachesis, das aufgearbeitete Gift einer Schlange, das für sich in der Lage ist, ähnliche Fiebersymptome zu erzeugen, wie wir sie bei dem kranken Hund beobachten.

Arzneimittelprüfung/ Arzneimittelbild

Die Fiebersymptome, die z.B. für das homöopathische Arzneimittel »Lachesis« charakteristisch sind, wurden in den sogenannten *Arzneimittelprüfungen* gesammelt. Die Arzneimittelprüfungen wurden und werden auch noch heute an klinisch gesunden Menschen in sogenannten Doppelblindversuchen durchgeführt: Dabei muß der Prüfer über 3 Wochen ein oder mehrere Mittel nach Anweisung einnehmen und nach einem Vordruck ganz genau alle Symptome und Veränderungen aufschreiben, die er an sich bemerkt. Er weiß jedoch nicht, welches homöopathische Arzneimittel er einnimmt oder ob das Mittel überhaupt einen Wirkstoff enthält, da immer eine sogenannte Placebo-Gruppe geführt wird, d.h., ein Teil der Prüfer erhält ein Mittel ohne jede Wirksubstanz (im allgemeinen Milchzucker), um eine größtmögliche Objektivierung zu erreichen. Die genaue Durchführung und vor allem Auswertung ist recht kompliziert und geht daher über den Rahmen dieses Buches hinaus.

Man erhält bei einer solchen Arzneimittelprüfung z.B. Angaben über die Art und den Verlauf des Fiebers, über zusätzliche Symptome wie Schwäche, Durst, Verschlimmerung zu einer bestimmten Tageszeit, Lymphknotenschwellung, Unruhe oder Ruhe usw. All diese Symptome zusammen ergeben ein *Arzneimittelbild*.

Dabei unterscheiden sich die Symptome unseres Fiebermittels Lachesis ganz deutlich von den Symptomen eines anderen Fiebermittels, z.B. Belladonna, einem aus der Tollkirsche hergestellten homöopathischen Arzneimittel.

Jedes homöopathische Arzneimittel hat sein eigenes, für das Mittel charakteristisches Arzneimittelbild. Es umfaßt nicht nur sogenannte klinische Symptome wie Fieber, Durchfall, Erbrechen, Schnupfen, Art des Fiebers, des Durchfalls, des Erbrochenen usw., sondern auch sogenannte *Modalitäten* wie Besserung oder Verschlimmerung durch Wärme, Kälte, Nässe, zu einer bestimmten Tages- oder Jahreszeit, durch Bewegung, Ruhe usw. Daneben sind aber auch die sogenannten »Geistes- und Gemütssymptome«, die wir bei Tieren besser Verhaltenssymptome nennen, wesentlicher Bestandteil eines Arzneimittelbildes. Hierzu gehören z.B. alle Ängste, wie Angst vor Gewitter, Angst vor dem Alleinsein, Aggressivität gegenüber Artgenossen, den Menschen, Liebebedürftigkeit, Schreckhaftigkeit, Berührungsempfindlichkeit und vieles mehr.

Bei der Behandlung eines kranken Tieres vergleicht man nun die am Tier gefundenen Symptome mit den Symptomen des in Frage kommenden homöopathischen Arzneimittels. Man wählt zur Therapie das Arzneimittel, das den am kranken Tier gefundenen Symptomen am ähnlichsten ist. Man heilt mit dem »ähnlichsten« Arzneimittel, dem »Simile«, und wendet somit die zuvor beschriebene »Similiregel« an.

Potenzierung

Die dritte Säule der Homöopathie (neben der Similiregel und der Arzneimittelprüfung als Grundlage für die Arzneimittelbilder) ist die so-

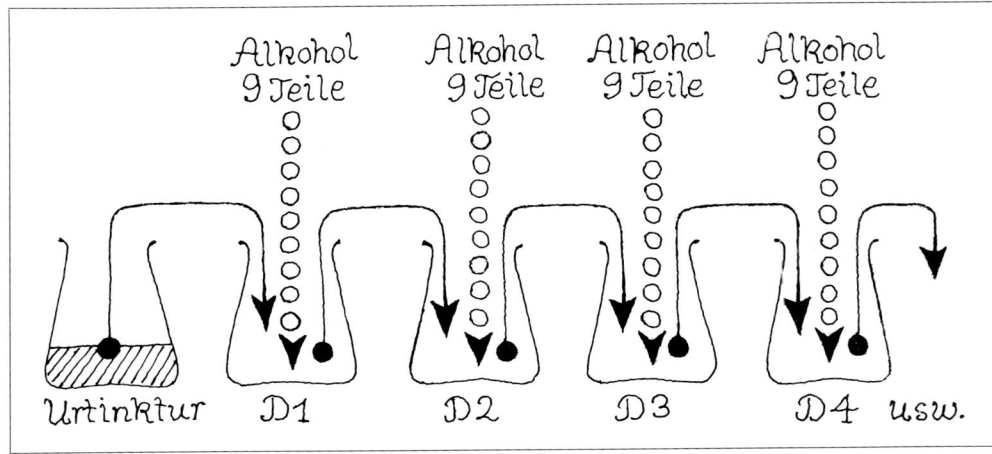

Abb. 3. Prinzip der Potenzierung (D-Potenzen) (Zeichnung: Hohrath)

genannte *Potenzierung* der homöopathischen Arzneimittel.

Hahnemann stellte bei seinen Versuchen fest, daß seine Arzneimittel wesentlich besser wirkten, wenn er sie in möglichst kleinen Dosen verabreichte.

So wird auch heute noch ein Teil einer Urtinktur (das ist beispielsweise der alkoholische Auszug einer Pflanze) verschüttelt mit neun Teilen eines vorgeschriebenen Alkohols. Durch die vorgeschriebenen zehn kräftigen Schüttelschläge entsteht nicht nur eine einfache Verdünnung, es wird zusätzliche Energie zugeführt. Hahnemann nannte es »Potenzieren«. Die beschriebene 1. Potenzierungsstufe enthält den Ausgangsstoff im Verhältnis 1:10 und wird als *D1* bezeichnet (D für Dezimalpotenz = 10er Potenz, 1 = 1. Potenzierungsstufe).

Ein Teil dieser *D1* wird nun wiederum mit neun Teilen des vorgeschriebenen Alkohols ver-schüttelt, und man erhält die *D2*, die die Ausgangssubstanz im Verhältnis 1:100 enthält. Aus einem Teil der *D2* wird unter Verschüttelung mit neun Teilen Alkohol die *D3* hergestellt usw. Eine *D6* enthält dann den Ausgangsstoff im Verhältnis 1:1 000 000. In entsprechender Weise können durch Verreibung mit Milchzucker die gleichen Potenzierungsstufen hergestellt werden.

Etwa ab der *D23* wird die Loschmidt'sche Zahl erreicht, und in der Lösung bzw. Verreibung ist vom Ausgangsstoff kein Molekül mehr enthalten.

Dennoch konnte auch die Wirksamkeit dieser sogenannten Hochpotenzen wie *D30* oder *D200* nachgewiesen werden. Man geht davon aus, daß die Information des Arzneimittels in der Lösung bzw. Verreibung enthalten ist und vom Organismus aufgenommen werden kann. Der endgültige Nachweis über die Wirkungsweise homöopathischer Arzneimittel steht noch aus. Es werden derzeit jedoch sehr interessante Versuche im Bereich der Physik durchgeführt, die erste Ergebnisse gebracht haben. Nicht zuletzt sind die Therapieerfolge beim Tier Beweis für die Wirksamkeit der Methode, da man beim Tier den Einfluß der Suggestion einer Heilung ausschließen kann.

Man weiß auch inzwischen, daß kranke Tiere und Menschen sehr viel empfindlicher auf Arzneimittel reagieren als gesunde Menschen, so daß am Prinzip der Wirksamkeit kleinster Dosen kaum noch Zweifel bestehen.

Grundsätzlich unterscheidet man sogenannte *tiefe, mittlere* und *hohe* Potenzen.

> Zu den tiefen Potenzen rechnet man etwa die Potenzstufen von D1–D8,
> zu den mittleren Potenzen etwa die Stufen D9–D20,
> etwa ab der D21 spricht man von Hochpotenzen.

Die Grenzen sind nicht ganz streng zu ziehen und werden auch von den einzelnen Autoren unterschiedlich angegeben.

Für *akute* Erkrankungen nimmt man im allgemeinen eher tiefe Potenzen, für Organ- oder Systemerkrankungen mittlere Potenzen, für die Behandlung von chronischen Erkrankungen hohe Potenzen. Auch hier gibt es viele Überschneidungen. Vor allem ist bekannt, daß viele Arzneimittel in bestimmten Potenzstufen am wirksamsten sind.

> Der Anfänger wird sich daher am besten an die Angaben Erfahrener halten. Letztlich ist entscheidend, das »Simile«, das ähnlichste Arzneimittel, zu finden!

Zubereitungsformen

Die homöopathischen Arzneimittel können, wie schon zuvor angedeutet, in verschiedenen Zubereitungsformen hergestellt werden:

> 1. Die alkoholische Verschüttelung, d.h. die flüssige Zubereitungsform oder *Dilution*. Wegen des alkoholischen Geschmacks wird sie von Welpen nicht gern aufgenommen.
> Sie eignet sich sehr gut für schwerkranke Tiere und Hunde, die keine Nahrung aufnehmen oder aufnehmen sollen. Man kann sie dann direkt oder auch mit Hilfe eines Löffels oder etwas Wasser verdünnt in die Lefzentasche einträufeln (s. Abb. 9, S. 30). Bei direkter Aufnahme des Wirkstoffes über die Mundschleimhäute entfaltet sich die Wirkung der homöopathischen Arzneimittel am besten und schnellsten. Für weniger kritische Fälle hat sich aber auch das Auftropfen auf ein Stück Brot oder ein Stück Trockenfutter bewährt.
> 2. Daneben gibt es die Verreibung mit Milchzucker, die Pulverform oder *Trituration*.
> 3. Aus der Trituration entstehen nur durch Pressen, ohne weiteren Zusatz, die *Tabletten*.
> 4. Schließlich gibt es noch die »Kügelchen«, die *Globuli*, wie sie in der Fachsprache heißen, die aus Milchzucker hergestellt und dann mit der jeweiligen Potenz nach einem bestimmten Verfahren benetzt werden.

Die drei zuletzt genannten Zubereitungsformen eignen sich ebenfalls sehr gut für die Verabreichung beim Hund. Die Tabletten sind vielleicht von der Handhabung her am einfachsten,

Abb. 4. Zubereitungsformen homöopathischer Arzneimittel, von links nach rechts: Tabletten, Globuli, Trituration, Dilution (Foto: Rakow)

weil sie weder zerstäuben, wie das Pulver, noch so klein und schwer abzuzählen sind wie die Globuli. Man kann sie zerdrücken und mit Futter oder Wasser (etwas Hackfleisch, evtl. auch Dosenfutter oder Wurst) mischen oder auch von der Hand lecken lassen. Da sie absolut geruchlos sind (bis auf ganz tiefe Potenzen einzelner Mittel) und nur leicht süß, eben nach Milchzucker schmecken, stellt sich das für den Tierbesitzer oft sehr leidige Thema der Medikamentenverabreichung beim Hund nur äußerst selten.

Auch für Trituration, Tabletten und Globuli gilt, daß die Aufnahme direkt über die Mundschleimhäute, evtl. nur mit Wasser als Lösungsmittel, die intensivste und schnellste Wirkung hat.

Welche der genannten Zubereitungsformen (Dilution, Tabletten, Globuli oder Trituration) man wählt, hängt von den eigenen Erfahrungen, dem Tier und der jeweiligen Erkrankung ab.

Bis auf wenige Ausnahmen sind die homöopathischen Arzneimittel in allen genannten Darreichungsformen herzustellen und zu erhalten.

Dosierung

Die *Dosierung* der homöopathischen Arzneimittel erfolgt nach folgendem Prinzip:

> 1 Dosis für einen erwachsenen Hund
> = 5 Tropfen Dilution
> oder 1 Tablette
> oder 1 Messerspitze Trituration
> oder 5 Globuli

Welpen und sehr kleine Hunde erhalten entsprechend nur ½ Dosis. Bei sehr großen Hunden mit akuten Erkrankungen gibt man die 1½fache bis 2fache Dosis.
Dies gilt für alle homöopathischen Arzneimittel in gleicher Weise und wird daher im folgenden Therapieteil nicht mehr gesondert angegeben.
Wie oft eine Dosis verabreicht wird, ob einmal oder mehrmals täglich, einmal in der Woche oder überhaupt nur einmalig, hängt von der Erkrankung, dem Zustand des Tieres, dem Arzneimittel und seiner Potenz ab.
Grundsätzlich wird bei akuten Erkrankungen und tiefen Potenzen die Arznei 1–3× täglich gegeben, bei subakuten, organischen Veränderungen 1× täglich, bei chronischen Erkrankungen und hohen Potenzen wird das Mittel nur in seltenen sogenannten Einzelgaben verabreicht. Dies gilt jedoch nur als allgemeine Orientierungshilfe. Bei einzelnen Arzneimitteln und unter besonderen Umständen wird abweichend dosiert: In akuten Krankheitsfällen, nach Operationen oder bei starken Schmerzen kann man ein Mittel auch einmal halbstündlich oder stündlich geben. Einige Arzneimittel verabreicht man nur für einige Stunden (z.B. *Aconitum*) oder einige Tage (z.B. *Hepar sulfuris*), andere über einen längeren Zeitraum (z.B. *Crataegus*, Nierenmittel). Nähere Angaben folgen.

Ausgangsstoffe für homöopathische Arzneimittel

Ausgangssubstanzen für die homöopathischen Arzneimittel können ganz verschiedenen Ursprung haben:

Aus dem Pflanzenreich stammen z.B. Belladonna, die Tollkirsche; Aconitum, der Eisenhut; Arnica, der Bergwohlverleih; Calendula, die Ringelblume.

Aus dem Tierreich kommen Arzneimittel wie Lachesis, das Gift einer Viper; Sepia, aus dem Tintenfisch; Apis, aus der Biene; Cantharis, aus der Spanischen Fliege (einem Käfer).

Aus dem Mineralbereich kommen Arzneimittel wie Silicea, die Kieselsäure; Calcium carbonicum, Calcium phosphoricum, Calcium fluoratum, die Calcium-Salze; Phosphorus; Sulfur = Schwefel.

Schließlich gibt es noch sogenannte *Nosoden*, die aus abgetöteten Krankheitserregern hergestellt werden, aber bei der Behandlung von Tieren noch keine so große Bedeutung erlangt haben.
Alle werden nach dem zuvor beschriebenen Potenzierungsverfahren aufbereitet und nach der Similregel angewandt.
Mit welchem Alkohol potenziert wird, wie die Ausgangssubstanz zur Urtinktur aufbereitet wird, welche Teile einer Pflanze beispielsweise verwendet und zu welchem Zeitpunkt im Jahr sie entnommen werden, ist im Deutschen Homöopathischen Arzneibuch gesetzlich festgelegt und genau vorgeschrieben.
Soweit die wichtigsten Grundbegriffe und Prinzipien der Homöopathie, deren Kenntnis notwendig ist, um den Therapieteil zu verstehen und erfolgreich anwenden zu können. Zur besseren Übersicht wurden die genannten Begriffe und Definitionen nochmals in Kurzform zusammengefaßt:

Zusammenfassung der wichtigsten Begriffe

Homöopathie: Kommt aus dem Griechischen: »homoios« = ähnlich, »pathos« = Leiden

Allopathie: Griech.: »allos« = anders, »pathos« = Leiden

Simile: das ähnlichste Arzneimittel

Ähnlichkeitsregel: similia similibus curentur = Ähnliches wird durch Ähnliches geheilt

Arzneimittelprüfung: Erfassung der am gesunden Menschen durch ein bestimmtes homöopathisches Arzneimittel hervorgerufenen Symptome

Arzneimittelbild: Gesamtheit der für ein bestimmtes homöopathisches Arzneimittel charakteristischen Symptome

Potenzierung: Verschüttelung bzw. Verreibung von homöopathischen Arzneimitteln mit Alkohol bzw. Milchzucker nach einem genau vorgeschriebenen Verfahren, bei den sogenannten D-Potenzen im Verhältnis 1:10

Urtinktur: Alkoholischer Auszug eines homöopathischen Arzneimittels = Ausgangsform für die Potenzierung

Dilution: Flüssige Verabreichungsform (Tropfen)

Trituration: Pulver

Tabletten: Werden durch Pressen aus der Trituration hergestellt

Globuli: »Kügelchen«

1 Dosis: (für den Hund) = 1 Tablette
 oder 1 Messerspitze Trituration
 oder 5 Globuli
 oder 5 Tropfen Dilution

Behandlung mit homöopathischen Arzneimitteln

Behandlung von Verletzungen

Verletzungen der Haut, besonders an den Gliedmaßen, kommen bei unseren Hunden sehr häufig vor. Ein Tritt in eine Glasscherbe, der Sprung auf einen spitzen oder scharfkantigen Stein, Verletzungen durch Metall, Holz oder sonstige scharfkantige Materialien sind schnell geschehen. Nicht zu vergessen das Einspießen von

Abb. 5. Ein gesunder, liebenswerter Mischlingshund (Foto: Krämer-Vogeler)

Dornen, Nägeln, Glassplittern, Getreidegrannen usw. Von großer Bedeutung sind leider Bißverletzungen durch andere Hunde, Katzen oder Wildtiere und Unfälle.

Dabei können nur die Oberfläche der Haut, aber auch tiefer liegende Schichten wie Bindegewebe, Faszien, Sehnen, Muskeln, ja sogar Knochen, Bauch-/Brusthöhle, Wirbelsäule usw. verletzt werden.

Betrachten wir zunächst nur die mehr oberflächlichen Wunden. Hier ist es wichtig, die Verletzung genauer anzuschauen. Größe, Tiefe und Lage der Wunde entscheiden nämlich darüber, ob der Weg zum Tierarzt notwendig ist oder nicht.

Bei Verletzungen von mehr als 2 cm Länge, Verletzungen, die nicht nur die Haut, sondern auch tiefere Schichten zu betreffen scheinen, die stark bluten oder in unmittelbarer Gelenknähe sind, wie z.B. an der Pfote, im Knie- oder Ellbogenbereich oder auch am Kopf, ist innerhalb der ersten 2–4 Stunden ein Tierarzt aufzusuchen. Muß die Wunde genäht werden, so sollte dies in den ersten 6 Stunden erfolgen. Danach sind die Zellen der Wundränder schon so stark geschädigt, daß sie bei einer Naht nicht mehr direkt zusammenheilen können. Nur wenn die Wunde so günstig liegt, daß eine sogenannte Wundauffrischung noch möglich ist und keine Verschmutzung aufgetreten ist, kann man auch nach diesem Zeitraum eine Wunde noch nähen.

Vor allem kann in solchen Fällen nur ein Tierarzt beurteilen, wie tief die Verletzung tatsächlich ist, ob etwa Gelenke oder Knochen verletzt sind und somit weitere Maßnahmen eingeleitet werden müssen.

Besonders Bißverletzungen können in dieser Hinsicht sehr tückisch sein: In der Haut ist nur ein kleines Loch, das kaum blutet, und dennoch ist im Gewebe darunter eine tiefe Tasche, sind möglicherweise Muskeln, Faszien usw. verletzt. Man sollte sich daher die Mühe machen, die eigenen Ängste überwinden und bei jeder Verletzung versuchen, genau nachzusehen. Es ist sinnvoll, mit einer Schere die blutigen und verklebten Haare vorsichtig wegzuschneiden und die eigentliche Wunde freizulegen. Man sieht dann, wie groß die Verletzung tatsächlich ist, kann erkennen, ob es in diesem Bereich zu Schwellung oder Blaufärbung gekommen ist, die auf einen Bluterguß (Hämatom) hindeuten. Läßt sich die Haut um die Wunde leicht anheben und strömt dann Luft unter die Haut, so handelt es sich um eine Wundtasche, die immer von einem Fachmann untersucht und versorgt werden sollte.

Bei Bißverletzungen werden oft von dem Zahn des beißenden Tieres auch Haut und Haare mit in die Wunde gedrückt. Sie müssen unbedingt entfernt werden, da sie sich natürlich entzünden und große Eiterungen und Abszesse bilden können. Überhaupt ist gerade bei Bißverletzungen davon auszugehen, daß die Zähne des beißenden Hundes ja nicht steril sind und demzufolge die Wunde immer als infiziert anzusehen ist. Unternimmt man nichts, so verschließen die verklebten Haare und das ausgetretene Blut die Wunde, die Infektion kann sich in der Tiefe entwickeln und ausbreiten und nach 2-4 Tagen einen entsprechend schmerzhaften Abszeß bilden. Man erspart daher seinem Hund viele Schmerzen und verhilft ihm zu einer viel kürzeren Wundheilung, wenn man gleich zu Beginn untersucht, wo und wie tief die Verletzungen sind.

Wundreinigung – Wundbehandlung

Auch als Laie kann man bei Beachtung einiger Grundsätze durchaus sinnvoll Wundreinigung oder Wundbehandlung betreiben und erste Notmaßnahmen ergreifen:

Zunächst müssen, wie schon erwähnt, die Haare in der Umgebung der Wunde soweit möglich und nötig weggeschnitten werden, um die eigentliche Wunde freizulegen. Dann kann eine Wundreinigung mit verdünnter *Calendula-*oder *Arnica-Tinktur* erfolgen. Man nimmt dazu beispielsweise 20 Tropfen »*Arnica Extern*« oder »*Calendula Extern*« auf 1 Eßlöffel Wasser (ein alter Eierbecher eignet sich als Gefäß sehr gut) und kann dann mit einem getränkten Wattebausch oder einer Mullplatte die Wunde reinigen.

»*Calendula Extern*« wird aus *Calendula officinalis*, der Ringelblume, hergestellt und eignet sich besonders für infizierte und verschmutzte Wunden. Die Tinktur wirkt keimhemmend, wundreinigend und heilungsfördernd.

»*Arnica Extern*«, die aus *Arnica montana*, dem Bergwohlverleih, hergestellt wird, eignet sich sehr gut für die Wundreinigung von frischen, weniger stark verschmutzten Wunden. Die Tinktur wirkt heilungsfördernd, abschwellend und schmerzlindernd bei Wunden, die mit Schwellung, Rötung oder Blutergußbildung einhergehen. Man kann sie bei geduldigen Tieren auch als Kompresse auflegen.

Muß die Wunde vom Tierarzt behandelt werden, so sollte man auf eine vorzeitige Salbenanwendung verzichten.

Ist die Wunde so klein, daß eine chirurgische Versorgung nicht notwendig erscheint, so kann man nach der Reinigung eine der im Handel befindlichen *Arnica-* oder *Calendula-Salben* auftragen. Bei sehr stark verschmutzten, rissigen Wunden wird man eher *Calendula-Salbe* nehmen, bei sehr schmerzhaften Wunden mit Schwellung und Bluterguß eher *Arnica-Salbe*. Von sehr schmerzempfindlichen Tieren werden die genannten Salben mitunter nicht geduldet, da sie offenbar ein Brennen, Kribbeln oder sonst ein unangenehmes Gefühl hervorrufen können. Die Tiere dulden keine Verbände oder belecken die Wunden sehr stark. Entgegen der häufig vorherrschenden Meinung ist das Lecken der Wunden aber keinesfalls heilungsfördernd, da die Tiere weit mehr lecken als der möglichen Wundreinigung guttut. Sie reizen mit der Zunge die Haut in der Umgebung der Wunde sehr stark, und da auch die Zunge nicht steril ist, fördern sie auf diesem Weg zusätzlich die Infektion der Wunde bzw. der umgebenden Haut.

Bei sehr schmerzhaften Wunden oder schmerzempfindlichen Tieren hat sich das Auftragen von *Hypericum-Öl* bewährt. *Hypericum perforatum*, das Johanniskraut, ist in der Homöopathie das Mittel für die Verletzung von Nerven und Nervenendigungen mit großer Schmerz- und Berührungsempfindlichkeit.

Dies ist häufig im Bereich der Pfoten, am Kopf, am Ohr oder am Schwanz der Fall. *Hypericum-Öl* ist sehr mild, wird ganz dünn aufgetragen und daher auch von sehr empfindlichen Tieren geduldet.

Läßt sich der Hund nicht an seiner Wunde untersuchen oder ist es bereits zu einer Schwellung gekommen oder soll die Zeit bis zur Ankunft beim Tierarzt genutzt werden, so kann man mit der innerlichen Verabreichung von *Arnica-Dilution* oder *Arnica-Tabletten* ebenfalls hilfreich einwirken.

Arnica

Arnica montana ist Wundheilmittel Nr. 1 in der Homöopathie. Es wirkt bei allen frischen Wunden, besonders auch bei Quetschungen von Haut und Muskulatur schmerzstillend, abschwellend und heilungsfördernd. Man nimmt *Arnica* bei frischen Wunden mit hellroten Blutungen, bei frischen Hämatomen mit roter oder hellroter Verfärbung oder auch nur schmerzhafter Schwellung. Die Tiere sind äußerst berührungs- und schmerzempfindlich, abgeschlagen, geschockt, wie wir sagen. Sie lassen sich kaum anfassen, bewegen sich oder die verletzte

Abb. 6. Calendula officinalis, die Ringelblume, wirkt reinigend und desinfizierend und fördert die Ausheilung von Wunden (Foto: DHU)

Gliedmaße kaum. Geht man ohne entsprechende Vorsichtsmaßnahmen an die schmerzende Wunde heran, so können sie äußerst heftig reagieren und sogar nach dem Besitzer beißen. Gibt man diesen Tieren stündlich 5–8–10 Tropfen (je nach Größe) *Arnica D3* oder *D4* oder 1 Tablette der gleichen Potenz, so kann man beobachten, wie Schmerzhaftigkeit, Berührungsempfindlichkeit und Abgeschlagenheit schnell wieder vergehen.

Sie lassen sich dann viel besser behandeln. Die Heiltendenz der Wunde wird gefördert.

Arnica D4, 2–3× täglich gegeben, entfaltet seine Heilwirkung auch bei der Nachbehandlung von chirurgisch versorgten, also genähten Wunden. Wenn die Tiere noch in Narkose sind, kann man die Dilution stündlich in die Lefze einträufeln und damit Schmerzen beim Aufwachen weitgehend verhindern. Danach gibt man *Arnica D4* 2–3× täglich 1 Dosis, um die Wundheilung anzuregen und zu unterstützen.

Calendula

Calendula officinalis, die Ringelblume, ist das Verletzungsmittel für verschmutzte, rissige und ältere Wunden, beim Tier besonders auch für Bißwunden, wenn es bei der Verletzung zu Gewebszerreißungen, zu Rissen gekommen ist. *Calendula* fördert sowohl äußerlich wie auch innerlich (in der *D2*) die Abstoßung von defektem Gewebe, wirkt entzündungshemmend und granulationsfördernd (heilungsfördernd).

Es läßt sich bei der innerlichen Anwendung auch gut mit *Arnica* kombinieren, wenn z.B. bei verschmutzten Wunden gleichzeitig Blutungsneigung oder ein Hämatom vorliegt.

Hypericum

Hypericum perforatum, das Johanniskraut, ist bei Verletzungen von Nerven und sehr schmerzhaften Wunden hilfreich. Man gibt es, wenn es z.B. durch ein Trauma zu einer Nervenquetschung am Hinterbein, an der Pfote, im Beckenbereich oder im Bereich der Wirbelsäule (z.B. nach Unfällen) gekommen ist, die mit großer Schmerzhaftigkeit einhergehen.

Dosierung: *Hypericum D4* oder *D6,* 2–3–5× täglich 1 Dosis.
Auch *Hypericum* kann man gut mit *Arnica* kombinieren.

Bluterguß (Hämatom)

Blutergüsse entstehen, wenn bei einer Verletzung Gefäße (unterschiedlicher Größe) platzen und Blut in das umgebende Gewebe wie Unterhaut, Faszien, Muskulatur, Gelenke usw. austritt. Es kommt zur schmerzhaften Anschwellung der Umgebung. Äußerlich kann man, wie schon auf Seite 17 beschrieben, »*Arnica Extern*« als Kompressen oder *Arnica-Salbe* anwenden. Zusätzlich, oder auch, wenn sich die Stelle aus technischen Gründen nicht verbinden läßt, kann man hier mit *Arnica D3* oder *D4*, zunächst stündlich, später alle 2 Stunden bzw. 3× täglich gegeben, den Hund sehr schnell von seinen Schmerzen befreien und einen oft erstaunlich schnellen und vor allem komplikationslosen Abbau des Hämatoms bewirken. Es kommt nicht zum Aufbrechen der darüberliegenden Haut und auch nicht zu Vernarbungen oder Verhärtungen.

Hamamelis

Ist das Hämatom einmal mehr bläulich oder sogar dunkelblau, oder tritt eine solche Verfärbung nach einigen Tagen ein, so ist *Hamamelis* sehr hilfreich einzusetzen.
Hamamelis virginica, die Virginische Zaubernuß, ist das Mittel für die mehr venösen, d.h. dunkelroten, Blutungen. Die Schmerzhaftigkeit und Berührungsempfindlichkeit ist lange nicht so ausgeprägt wie bei *Arnica*. Der Bluterguß wird aber nur langsam abgebaut.
Mit *Hamamelis* in der *D3* oder *D4*, 2–3× täglich 1 Dosis, kann man den scheinbar »kritischen Punkt« überwinden und einen komplikationslosen Abbau erreichen. Dies trifft auch zu für die Nachbehandlung von Operationen (z.B. Mammatumoren), wenn es im Wundbereich zu mehr blauroter Verfärbung gekommen ist. Zusätzlich hat sich das Auftragen von *Hamamelis-Salbe* bewährt.

Blutverlust, Schock

Arnica ist auch ein wichtiges Mittel, wenn die Tiere durch eine Verletzung einen hohen Blutverlust erlitten haben und die Schleimhäute von Bindehaut und Zahnfleisch blaß geworden sind. *Arnica* hilft dann, die Schwäche, Zerschlagenheit, Berührungsempfindlichkeit und Schmerzhaftigkeit bei diesen Tieren schneller zu überwinden. Sie zeigen sich schon nach wenigen Stunden etwas erholt und wollen am nächsten Tag wieder ihr Futter haben.
Nach Unfällen beobachten wir auch bei Hunden häufig schockähnliche Zustände: Der Hund ist zunächst noch wie wild umhergerannt, hat sich dann gelegt und kann nun anscheinend nicht mehr aufstehen, will sich nicht bewegen, knurrt, wenn jemand ihn berühren will. Die Schleimhäute sind auch hier relativ blaß. In den meisten Fällen ist der Gang zum Tierarzt notwendig, aber zuvor kann man versuchen, dem Tier wenigstens eine Tablette *Arnica D4* in wenig Wasser aufzulösen und in die Mundschleimhaut zu träufeln (oder auch 5 Tropfen der Dilution). Auch zur Nachbehandlung solcher Schockzustände kann man stündlich *Arnica D4* geben und damit eine schnellere Besserung erreichen.

Zeckenbisse

Zeckenbisse stellen eine besondere Art von Verletzungen oder Wunden dar. Immer wieder kommt es vor, daß beim Entfernen der Zecken (man sollte sie ab*drehen!*) Kopf oder Beinteile in der Haut des Hundes steckenbleiben oder der Hund sich eine übersehene Zecke selbst herausreißt. Auch bei vollständiger Entfernung der Zecke kann es zu schmerzhafter Schwellung, Rötung oder Entzündung der Bißstelle kommen.
Äußerlich hat sich die Anwendung des schon

beschriebenen *Hypericum-Öls* sehr bewährt. Es ist mild, wirkt schmerzstillend und abschwellend.

Für die innerliche Behandlung kommen folgende Mittel in Frage:

Bei mehr hellroter, schmerzhafter und berührungsempfindlicher, weicher (ödematöser) Schwellung gibt man *Apis D3*, 3× täglich 1 Dosis. Die Tiere dulden auch gern kühle Umschläge.

Ist die Schwellung mehr hart, nicht so groß, dunkelrot, bläulich, vermutlich infiziert, aber noch nicht eitrig, so wird *Ledum, Ledum palustre*, der Sumpfporst, als *D4*, 3× täglich 1 Dosis, die Abheilung erheblich abkürzen können.

Äußerlich bringt die Anwendung von »*Calendula Extern*« und vor allem *Calendula-Salbe* bei infizierten Bissen, wenn sich ein Eiterpfropf bildet, schnelle Erleichterung.

Stich- und Schnittwunden

Stichverletzungen, z.B. durch einen Dorn, Nagel oder sonst einen spitzen Gegenstand, kommen besonders im Bereich der Pfoten häufiger vor. Neben der schon beschriebenen Wundreinigung und dem Anlegen eines Salbenverbandes mit *Calendula-Salbe* kann man hier auch die Anwendung einer *Lebertran-Salbe* versuchen, die besonders im Ballenbereich Haut und Horn geschmeidig hält und auf diese Weise die Wundheilung ebenfalls fördert.

Innerlich ist bei kleinen, eher blauroten, schmerzhaften Stichwunden, die nicht oder noch nicht eitern, an das beim Zeckenbiß schon erwähnte *Ledum* zu denken. *Ledum D4*, 2–3× täglich gegeben, fördert die Ausheilung dieser Wunden und verringert Schmerzen und Juckreiz.

Frische *Schnittverletzungen* durch Glasscherben, Metall usw. verlangen in erster Linie natürlich nach *Arnica*. Daneben gibt es ein weiteres Mittel, das sich speziell für Schnittwunden bei sehr sensiblen, nervösen Tieren bewährt hat. Sie haben starke Schmerzen, dulden kaum Verbände und leiden schrecklich, auch wenn die Wundheilung komplikationslos zu verlaufen scheint. In diesen Fällen gibt man *Staphisagria, Delphinum staphisagria*, das Stephanskraut, 2× täglich 1 Dosis in der *D6* oder besser noch 1× täglich in der *D30*. Die Tiere werden oft innerhalb kurzer Zeit viel ruhiger und weniger schmerzempfindlich.

Staphisagria eignet sich auch für die Nachbehandlung von Operationswunden bei den genannten Tieren, da man eine Operationswunde ja auch als künstliche Schnittwunde auffassen kann. Wichtig für die Anwendung von *Staphisagria* ist, daß die Wunde nicht entzündet, also nicht infiziert ist.

Alte und infizierte Wunden, Abszesse

Ist eine Wunde schon einige Tage alt, die Ränder eher weiß oder grau, die Wundfläche hell weißlich, schleimig oder eitrig gelblich und evtl. sogar stinkend, so ist die Wundheilung gestört. Gesundes Gewebe ist auch bei der Wundheilung rosarot, die Wundränder deutlich rötlich. Die Wunde neigt bei Berührung oder Abnehmen der Wundauflage zu Blutungen.

Bei gestörter oder verzögerter Wundheilung kommt es nicht zur Abgrenzung zwischen gesundem, heilendem und abgestorbenem Gewebe. Die Wunde kann zu einem Geschwür werden oder, wenn sie tiefer war, einen Abszeß bilden. Äußerlich hat sich in diesen Fällen die Anwendung von *Calendula* am besten bewährt, die die Abstoßung von abgestorbenem Gewebe

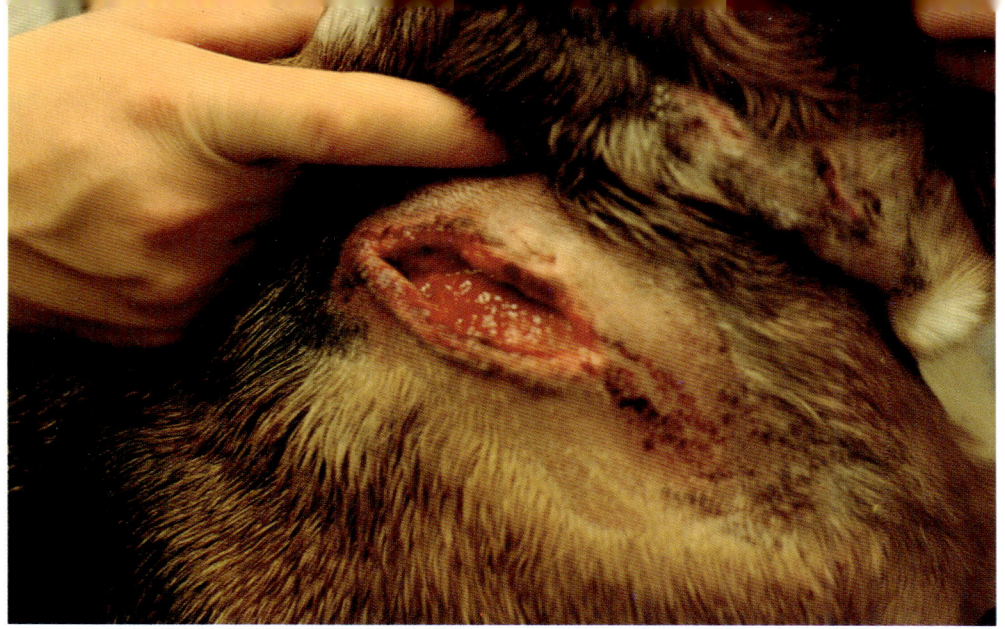

Abb. 7. Alte Bißverletzung in Heilung, mit Calendula-Tinktur gereinigt. Die Wundränder werden mit Calendula-Salbe oder Hypericum-Öl behandelt (Foto: Rakow)

(Demarkation) und damit die Heilung (Granulation) der Haut bzw. des Gewebes fördert. »Calendula Extern« kann in diesen Fällen auch unverdünnt oder wenig verdünnt angewendet werden und nimmt sofort den üblen Geruch der Wunde. An Salben eignet sich wieder Calendula-Salbe oder auch Lebertran-Salbe.
Innerlich kommen verschiedene Mittel zur Anwendung:
Deutet sich die eitrige Sekretion durch Schwellung in der Umgebung der Wunde mit großer Schmerzhaftigkeit und vor allem Berührungsempfindlichkeit, evtl. sogar Fieber und Futterverweigerung an, so kann man mit Hepar sulfuris in der D8, 2–3× täglich 1 Dosis für maximal 2–3 Tage, sehr schnell die Abszedierung und Öffnung nach außen herbeiführen. Hepar sulfuris, Calcium sulfuratum Hahnemannii, die Kalkschwefelleber, wird nach Hahnemann aus dem weißen, inneren Bestandteil der Austernschalen und Schwefelblumen hergestellt. Hepar sulfuris ist bei allen Eiterungsprozessen angezeigt und fördert das Zusammenziehen und die Abkapselung des eitrigen Sekrets. Schmerzhaftigkeit, Berührungsempfindlichkeit, erhöhte Temperatur, geringe oder keine Futteraufnahme gehören zum Arzneimittelbild von Hepar sulfuris. Das Mittel entfaltet seine Wirkung oft innerhalb von Stunden. Nach spätestens 1–2 Tagen muß eine Besserung eingetreten sein sonst war das Mittel nicht angezeigt, oder es muß ein anderes Mittel folgen.

Dabei ist es ganz gleichgültig, ob sich der Eiterungsherd an der Pfote, am Bein, am Kopf, am Ohr, am Körper, am After, am Schwanz usw. befindet. Es ist auch gleichgültig, ob die Eiterung durch einen Biß, einen Dorn, Stacheldraht oder durch eine sekundäre Folgeinfektion entstanden ist. Immer, wenn es zu dem oben beschriebenen Krankheitsbild kommt, ist *Hepar sulfuris* angezeigt und wird schnelle Hilfe bringen.

Das austretende, eitrige Sekret ist gelblich oder gelblich-grünlich und riecht unangenehm, häufig nach altem Käse.

Hepar sulfuris ist aber auch angezeigt, wenn die Wunde bereits eitrig, übelriechend, schmerz- und berührungsempfindlich ist. Einige Gaben *Hepar sulfuris* fördern die Abstoßung des eitrigen Sekretes und Gewebes. Dies ist Voraussetzung für eine beginnende Wundheilung.

Entwickelt sich eine Eiterung oder ein Abszeß weniger dramatisch, mehr allmählich, innerhalb von mehreren Tagen, ist die Stelle nur wenig schmerz- und berührungsempfindlich, so stimmt dieses Bild nicht mit dem Arzneimittelbild von *Hepar sulfuris* überein, und wir brauchen ein anderes Mittel. Es handelt sich um *Myristica sebifera*, den roten Saft aus der Rinde eines in Brasilien heimischen Baumes. *Myristica sebifera* ist als »Homöopathisches Messer« in die Homöopathie eingegangen. Man gibt es in der *D3*, 2× täglich 1 Dosis für ca. 5–8 Tage. Auch hier kann man eine schnellere »Reifung« oder auch die Resorption des eitrigen Sekretes, d.h. den Abbau durch den Organismus, erreichen.

Nachbehandlung von Abszessen

Ist es mit Hilfe von *Hepar sulfuris* oder *Myristica sebifera* zur Abszeßreifung und Abstoßung des eitrigen Sekretes gekommen, so ist eine Wundspülung der Abszeßhöhle angezeigt, um das eitrige Sekret und abgestorbene Gewebsreste möglichst schnell zu entfernen und dem Heilungsgewebe Platz zu machen.

Hierbei ist es oft besser, die erste Spülung vom Tierarzt vornehmen zu lassen, besonders wenn Ausdehnung und Tiefe der Abszeßhöhle nicht genau zu übersehen sind. Für die weitere Nachbehandlung könnte man eine solche Höhle dann wieder mit »*Calendula Extern*«, verdünnt wie im Kapitel Wundbehandlung (S. 17) beschrieben, 1–2× täglich spülen. In den meisten Fällen heilt hierauf die Wunde, evtl. durch einen Verband geschützt, ohne weitere Komplikationen in wenigen Tagen aus. Man muß lediglich darauf achten, daß die Abszeßöffnung nicht verklebt und etwaiges Sekret immer abfließen kann.

Bei einzelnen Tieren zeigt sich aber eine schlechte Heiltendenz. Es bildet sich zwar kein oder nur ganz wenig, eher wässriges Sekret, aber die Abszeßhöhle oder die Wunde heilt dennoch nicht aus.

Ausheilung von Wunden

Zur Förderung der Ausheilung von Wunden hat sich in der Homöopathie die Anwendung der Kieselsäure, *Silicea*, sehr bewährt.

Silicea hat besondere Beziehung (Affinität) zum Bindegewebe. Es steigert die Phagozytose und fördert die Wundheilung.

Häufig sind es eher schwächliche, ängstliche Tiere, die allgemein krankheitsanfällig sind und deren Wunden eine schlechte Heiltendenz zeigen. *Silicea* wirkt hier heilungsfördernd und kräftigend. Es verhindert auch die Bildung von sogenanntem »wildem Fleisch«.

Man gibt meist die *D6*, 2× täglich 1 Dosis für 1–2 Wochen. Paßt das Mittel auch zum Tier insgesamt, nimmt man die *D12*, 1× täglich.

Erkrankungen des Bewegungsapparates

Erkrankungen von Knochen, Muskeln, Gelenken, Sehnen und Bändern an den Gliedmaßen, der Wirbelsäule und im Kopfbereich kommen bei allen Hunderassen und in allen Altersstufen häufig vor. Meist handelt es sich um Verstauchung oder Verrenkung bestimmter Gelenke mit ihrem Band- und Sehnenapparat; daneben unterscheidet man Erkrankungen der Muskeln, der Wirbelsäule, Dystrophien, d.h. Störungen im Knochenstoffwechsel besonders bei jungen Hunden, Frakturen (Knochenbrüche) und Bewegungsstörungen durch Arthrosen, d.h. degenerative Gelenksveränderungen, die als Abnutzungserscheinungen oder Überlastungen besonders bei alten Tieren auftreten.

Verstauchung, Verrenkung (Distorsion)

Verstauchung und Verrenkung entstehen durch Überdehnung oder Verdrehung der Bänder und Sehnen im Bereich eines oder mehrerer Gelenke. Sie können hervorgerufen werden durch falsches Aufkommen nach einem Sprung, Springen aus großer Höhe, nach einer plötzlichen Drehbewegung und Richtungsänderung aus dem Lauf wegen eines anderen Hundes, eines Pfiffes oder Geräusches. Distorsionen kommen vor beim Spielen oder Kampf mit anderen Hunden, nach Durchnässung oder

Abb. 8. Arnica montana, der Wohlverleih oder Bergwohlverleih, wichtigstes Mittel bei frischen Verletzungen und Verstauchungen (Foto: DHU)

bei sehr kaltem Wetter, um nur einige Möglichkeiten zu nennen.
Betroffen sein können einzelne oder mehrere Gelenke der Vorder- oder Hintergliedmaßen. Distorsionen der Wirbelsäule werden wegen der besonderen Symptomatik gesondert abgehandelt.
Bei der Überdehnung von Bändern und Sehnen kommt es zu feinsten Zerreißungen der betroffenen Fasern, so daß eine Verstauchung auch eine Art Verletzung ist.
Häufig kommt es auch zu Zerreißungen kleiner Blutgefäße und damit zu Blutungen bzw. Hämatomen. Das erste Mittel für eine frische Distorsion ist daher *Arnica, das* Mittel für alle frischen Verletzungen und Traumen.
Bei einer frischen Verstauchung beobachtet man alle für *Arnica* wichtigen Symptome: Der Hund hebt beispielsweise die Vordergliedmaße beim Laufen und belastet sie überhaupt nicht mehr. Junge Hunde jammern vor Schmerzen. Sie haben Angst vor jeder Berührung und Bewegung. Erste Anschwellung des Gelenkes wird sichtbar.
Therapie: *Arnica D3* oder *D4*, stündlich 1 Dosis bis zur Besserung.

Nach einem halben Tag oder am nächsten Tag hat sich das Krankheitsbild meist gewandelt: Der Hund stellt die Gliedmaße im Stehen wieder auf und macht erste Belastungsversuche (sonst muß man an einen Bruch, eine Fraktur, denken, die natürlich in tierärztliche Behandlung gehört).

Man kann nun im wesentlichen 2 Krankheitsbilder unterscheiden, die unterschiedliche homöopathische Arzneimittel brauchen:
Im ersten Fall ist auch am nächsten Tag noch eine deutliche Schwellung des Gelenkes oder der betreffenden Stelle zu sehen und zu fühlen. Der Hund belastet die Gliedmaße kaum. Er möchte sich möglichst wenig bewegen. Jede Bewegung, auch das Abtasten oder passive Bewegen, scheint ihm Schmerzen zu bereiten. Viele Hunde knurren, wenn man an die erkrankte Stelle fassen will, oder lassen sich nur widerwillig dort untersuchen. Meist ist das Gelenk auch vermehrt warm. Dabei ist es für den Laien nicht immer ganz leicht zu erkennen, ob es sich um einen Gelenkerguß mit Austritt oder vermehrter Bildung von Gelenksflüssigkeit handelt oder um einen Bluterguß im Gelenk.
Auffällig ist auch, daß diese Hunde trotz der großen Schmerzen auf der erkrankten Seite liegen. Der Druck auf das schmerzende Bein und die bessere Stabilität und Ruhe der Gliedmaße scheinen Besserung zu bringen.

Bryonia

Bei dieser Symptomatik mit Verschlimmerung durch Bewegung und Berührung, Liegen auf der erkrankten Seite, Schmerzhaftigkeit auch bei Berührung und passivem Bewegen gibt man *Bryonia, Bryonia dioica,* die rotbeerige Zaunrübe oder Teufelsrübe. Dabei ist es gleichgültig, ob es sich um eine Distorsion des Vorder-oder Hinterbeines, im Bereich der Pfoten, des Ellbogens, des Knie-, des Schulter- oder Hüftgelenkes handelt.
Dosierung: *Bryonia D4*, 2–3X täglich 1 Dosis.

Kalium bichromicum

Ein gutes Folge- und Ergänzungsmittel zu *Bryonia* ist *Kalium bichromicum,* das Kaliumdichromat. Es ist dann angezeigt, wenn Gelenk- oder Sehnenergüsse sich nicht oder nur zögernd zurückbilden wollen, wie dies im Bereich der Pfoten, des Knies und des Ellbogens häufiger vorkommt. Man kann *Kalium bichromicum* gleich zu Anfang zusammen mit *Bryonia* geben oder auch im Anschluß an *Bryonia*, wenn die beschriebene Schmerzhaftigkeit und Verschlim-

merung durch jede Bewegung nicht mehr deutlich vorhanden ist.
Dosierung: Bei akuten Fällen *Kalium bichromicum D4* oder *D6*, 2× täglich 1 Dosis. Für länger bestehende Fälle hat sich auch die *D30*, 1× täglich 1 Dosis für 2–3 Wochen, bewährt.

In den meisten Fällen verläuft die Symptomatik einer Verstauchung etwas anders als zuvor beschrieben:
Der Hund stellt nach einigen Stunden oder am nächsten Tag das Bein im Stehen wieder auf den Boden. Hat er gelegen und steht auf, so scheinen die ersten Schritte sehr schmerzhaft zu sein. Das erkrankte Bein wird überhaupt nicht belastet. Dann jedoch »läuft der Hund sich ein«, belastet die Gliedmaße im Gehen und läuft fast lahmheitsfrei. Nur beim Springen oder Rennen oder bei längerer Bewegung wird das Bein wieder geschont. Manche Hunde erwecken gar den Eindruck, als sei ihre Lahmheit simuliert: Sehen sie einen anderen Hund, einen Hasen oder sonst etwas Interessantes, so rennen und springen sie scheinbar ohne jeden Schmerz, auch über Hindernisse.
Kommen sie zum Besitzer zurück, so ist der Schmerz plötzlich wieder ganz stark, und sie gehen hochgradig lahm.

Rhus toxicodendron

Dieses typische Bild mit der Lahmheit nach Ruhe, der Schmerzhaftigkeit der ersten Schritte, der Besserung durch Bewegung und der Verschlimmerung durch Überlastung ist charakteristisch für *Rhus toxicodendron,* den Giftsumach, einen aus Nordamerika stammenden Strauch.
Man gibt *Rhus toxicodendron* in der *D6*, 2–3× täglich; sehr bewährt hat sich aber auch die *D30*, 1× täglich 1 Dosis.
Rhus toxicodendron ist eines der wichtigsten sogenannten »Bändermittel« in der Homöopathie. Es führt nicht nur zur Abheilung der überdehnten Bänder und damit zum Verschwinden der Schmerzhaftigkeit und Lahmheit, sondern vor allem auch zur Kräftigung des gesamten Bandapparates. Hierin liegt der große Vorteil der homöopathischen Arzneimittel gegenüber den sonst üblichen Spritzen oder Tabletten gegen Schmerzen: Es wird nicht einfach der Schmerz abgedämpft, sondern es kommt zu einer echten Ausheilung der überdehnten Fasern, der Bänder und Sehnen.
Die häufig zu beobachtende Anfälligkeit eines Gelenkes nach einer Distorsion wird deutlich vermindert. Nimmt man den Tieren einfach nur den Schmerz, so belasten diese die Gliedmaßen vollständig. Festigkeit und Stabilität können aber noch gar nicht wiederhergestellt sein. Bei einer ungeschickten Bewegung, beim Sprung oder Treten in eine Bodenunebenheit kommt es dann erneut zur Distorsion mit entsprechender Lahmheit und Schmerzen. Bei homöopathischer Therapie kommen diese Fälle äußerst selten vor.
Rhus toxicodendron ist aber nicht nur ein Mittel für frische Distorsionen, sondern auch für schon länger bestehende Lahmheiten, wenn die entsprechenden Symptome zu beobachten sind. Auch immer wiederkehrende Lahmheiten, besonders im Knie, die sich bei Kälte und Nässe verschlimmern, kann man mit *Rhus toxicodendron* heilen oder bessern.
Da *Rhus toxicodendron* den gesamten Band- und Sehnenapparat kräftigt, kann man es auch über längere Zeit bei Hunden geben, die immer wieder zu Verstauchungen neigen. Es hat sich auch bei den sogenannten »losen Kniescheiben« der kleinen Hunderassen wie Toy- und Zwergpudel und Yorkshireterrier bewährt, wo man es häufig mit *Silicea D12* oder *Calcium fluoratum D6* ergänzt.
Man kann diesen Tieren bei frühzeitigem Thera-

piebeginn oft die Operation der zur Luxation neigenden Kniescheibe ersparen.

Ruta

Ein weiteres Mittel zur Behandlung von Distorsionen ist *Ruta, Ruta graveolens,* die Weinraute oder Edelraute, eine aus dem Mittelmeergebiet stammende Pflanze.
Ruta ist ein Mittel für Verletzungen, Quetschungen usw. im Bereich der Knochenhaut und der Bandansätze. Es findet dann Anwendung, wenn bei Druck auf den Rand des erkrankten Gelenkes eine Schmerzhaftigkeit des darunterliegenden Knochens festzustellen ist. Auch *Ruta* hat Besserung durch Bewegung und Verschlimmerung durch Ruhe, Kälte und Nässe im Arzneimittelbild und kann daher sehr gut zusammen mit *Rhus toxicodendron* gegeben werden, wenn es sich um eine Distorsion mit Schmerzhaftigkeit der Band- und Sehnenansätze handelt.
Dosierung: *Ruta D4,* 2× tägl. 1 Dosis.

Prellungen

Prellungen entstehen im allgemeinen durch stumpfe Gewalteinwirkung, etwa beim Aufprall auf einen harten Untergrund oder eines harten Gegenstandes, oft auch bei Unfällen. Je nach Intensität des Traumas und Lage der betroffenen Stellen kommt es zu einem Hämatom unter der Haut oder in der Muskulatur oder auch zu Defekten an der Knochenhaut (Periost) oder am Knochen selbst.
Die Behandlung des Hämatoms erfolgt mit *Arnica* und *Hamamelis* wie bei den frischen Wunden beschrieben.
Für die auf Druck sehr schmerzhaften Prellungen der Knochenhaut hat sich *Ruta D4,* 2× täglich 1 Dosis, sehr bewährt.

Daneben gibt es aber ein weiteres Mittel für die Verletzung von Knochenhaut und Knochen, nämlich *Symphytum, Symphytum officinale,* die Beinwurz oder der Beinwell, der auch bei der Behandlung von Knochenbrüchen (Frakturen) eine bedeutende Rolle spielt.
Man gibt *Symphytum in der D1* oder *D2,* 1–2× täglich 1 Dosis für einige Tage oder 1 Woche.
Man wird oft erstaunt sein, wie schnell diese beiden Mittel helfen und die Tiere von ihren Schmerzen befreien. Es kommt außerdem auch hier zu einer komplikationslosen Ausheilung, so daß sich keine schmerzhaften Vorwölbungen, sogenannte Überbeine, bilden.

Fraktur (Knochenbruch)

Die Fraktur eines Gliedmaßenteils erkennt man meist daran, daß der Hund absolut nicht mehr auftritt, und die gebrochene Gliedmaße hängt oder »baumelt«. Bei großen Hämatomen im Bereich der Fraktur ist dieses Hängen und Baumeln der Gliedmaße mitunter nicht zu beobachten, ebenso wenn im Bereich der mehrstrahligen Pfoten nur ein oder einzelne Strahlen gebrochen sind. Auch bei Frakturen nur von Elle (Ulna) oder Wadenbein (Fibula) treten einzelne Tiere sogar noch auf. Bei Frakturen des Beckens kommen manche Hunde zunächst noch auf die Hinterbeine und können ein paar Schritte laufen.
In Zweifelsfällen und bei großer Schmerzhaftigkeit bei Bewegung auch noch nach Stunden ist unbedingt ein Tierarzt aufzusuchen, der die entsprechenden Untersuchungen durchführt. Oft gibt erst die röntgenologische Untersuchung Aufschluß über die tatsächlich vorliegenden Veränderungen. Dem Tierarzt sollte man auch die Entscheidung überlassen, ob im Fall eines Knochenbruches ein operativer Eingriff mit Nagelung, Verplattung oder externer Verschie-

nung notwendig erscheint oder ob eine sogenannte konservative Frakturbehandlung mit Schienung, Verbänden, Gipsverband o. ä. sinnvoll ist.

Unterstützend kann man in jedem Fall auch homöopathisch die Heilung fördern und Schmerzen lindern.

Bei der ganz frischen Fraktur stehen in den ersten 1–3 Tagen die Beschwerden durch Blutergüsse, Blutverlust, Prellung und Gewebszerreißung bzw. Quetschung von Muskeln usw. im Vordergrund. Hier ist *Arnica D3* oder *D4* zunächst stündlich, dann 2-stündlich bzw. 3× täglich das Mittel der Wahl.

Mit *Arnica* können wir gleichzeitig die schockähnlichen Zustände, die wir auch beim Hund durch das Erlebnis des Traumas, den Schreck und die Angst beobachten, schneller abbauen und überwinden.

Für die Frakturheilung selbst kommen folgende Mittel in Frage:

Symphytum

Symphytum officinale, die Beinwurz oder der Beinwell, ist, wie schon der Name sagt, ein Mittel, dessen heilende Wirkung auf den Knochen schon seit jeher in der Volksheilkunde bekannt ist und genutzt wird. *Symphytum* fördert die sogenannte Kallusbildung bei der Fraktur, das ist das Reparaturgewebe zwischen den beiden Bruchenden, das dann allmählich vom Organismus wieder in Knochen umgebaut wird. *Symphytum* fördert aber auch die Ausheilung im Bereich der Knochenhaut, der Band- und Sehnenansätze im Bereich der Fraktur und der Gelenke.

Dosierung: *Symphytum D1* oder *D2*, 1–2× täglich eine Dosis für 3–6 Wochen.

Bei Welpen unter 8 Monaten, die die Wachstumsphase noch nicht abgeschlossen haben, sollte man allerdings von der Behandlung mit *Symphytum* absehen oder nur 1× täglich ½ Dosis geben, da ein Einfluß auf die Wachstumszone der Knochen (Epiphysen) nicht ganz auszuschließen ist.

Calcium-Salze

Zusammen mit *Symphytum,* oder bei ganz kleinen Welpen auch allein, gibt man das zum Hund passende Calcium-Salz:

Für sehr kräftige Tiere mit kräftigen Knochen, gutem Appetit, eher schlaffem Bindegewebe und ruhigem Temperament nimmt man *Calcium carbonicum Hahnemannii, D12,* 1× täglich 1 Dosis.

Calcium carbonicum wird aus dem Austernschalenkalk hergestellt und enthält neben dem Calciumcarbonat noch andere Stoffe und Spurenelemente.

Bei zartgliedrigen Tieren mit straffem Bindegewebe, die eher ängstlich nervös sind, gibt man *Calcium phosphoricum D6* oder *D8, 1–2×* täglich 1 Dosis.

Bei ganz schlechter Heiltendenz und ausgesprochener Bindegewebs- und Bänderschwäche kann man auch an *Calcium fluoratum* denken, das Calciumfluorid in der *D4* oder *D6,* 1–2 täglich 1 Dosis.

Man gibt diese Calcium-Salze dabei nicht als Kalkersatz, sondern im homöopathischen Sinne, um den Einbau der mit der Nahrung zugeführten Mineralien in den Knochen zu fördern. Gerade bei Zwergpudeln oder kleinen Hunderassen kann man oft eine verzögerte Wundheilung beobachten trotz gut sitzender Verbände und ausreichender Mineralstoffzufuhr. Es handelt sich hierbei um eine schlechte Heiltendenz bzw. um einen verzögerten Einbau in den Knochen.

Diese Tiere sind sehr frakturanfällig und brechen sich das Bein, wenn sie dem Besitzer vom Arm fallen. Hier kann man nicht nur eine schnellere Abheilung der bestehenden Fraktur erreichen, sondern auch eine Festigung des gesamten Knochengerüsts und damit die Frakturanfälligkeit vermindern.

Erkrankungen der Wirbelsäule

Erkrankungen der Wirbelsäule sind heute nicht mehr auf Dackel beschränkt, sondern kommen bei vielen Hunderassen und auch bei Mischlingen meist in der zweiten Lebenshälfte vor. Dabei handelt es sich um einen Komplex von Veränderungen und Beschwerden.
Man unterscheidet hier zum einen *die Diskopathie*. Das sind Veränderungen bzw. die Beschwerden durch veränderte Bandscheiben. Es kommt zu Verhärtungen, Verkalkungsherden und Verkalkungen im Bereich einzelner oder mehrerer Bandscheiben. Diese entwickeln sich allmählich. Die akuten Beschwerden werden dann durch eine Drehbewegung, beim Springen, Fallen, Treppensteigen o. ä. ausgelöst. Es kommt zu einer Distorsion, Verkantung oder auch Quetschung und damit zum Einklemmen eines oder mehrerer aus dem Rückenmark austretender Nerven mit starken Schmerzen. Diese äußern sich in einem hellen, durchdringenden Aufschreien, in planlosem Umherrennen mit aufgekrümmtem Rücken oder auch blitzartigem Verziehen unter einen Stuhl, Tisch, unter das Bett oder in den Hundekorb. Danach lassen sich die Tiere meist nicht mehr hervorlocken und zunächst zu keiner Bewegung bringen, wohl aus Angst vor dem Schmerz, von dem sie vielleicht nicht genau wissen, woher er kam und wodurch er hervorgerufen wurde.
Am häufigsten werden Beschwerden ausgelöst bei Verkalkungen im Bereich zwischen den letzten Brustwirbeln und den ersten Lendenwirbeln. Die dort austretenden Nerven sind für die Innervierung der Hinterbeine zuständig und führen daher neben dem aufgekrümmten Rücken zur Bewegungsstörung eines oder beider Hinterbeine.
Sehr schmerzhaft sind auch Beschwerden im Bereich der Halswirbelsäule. Hier tritt der Schmerz auf beim Hinabbeugen zum Futternapf, wenn man die Leine anlegen will oder den Kopf des Hundes bewegt.
Im schlimmsten Fall kommt es zu einem sogenannten *Bandscheibenvorfall*, d. h. die verkalkte Bandscheibe fällt durch ein Trauma in den Wirbelkanal vor und führt dort zu einer Quetschung nicht nur der austretenden Nerven, sondern auch des Rückenmarks. Geschieht dies im Bereich der letzten Brust- oder der ersten Lendenwirbel, so kommt es zur vollständigen oder teilweisen Lähmung der Hintergliedmaßen, bekannt unter dem Begriff »*Dackellähme*«.
Dabei wird die sogenannte *spastische Lähmung*, mit aufgekrümmtem Rücken, nach vorn gehaltenen Hinterbeinen, knallhartem Bauch, hoher Schmerzhaftigkeit (die Hunde beißen bei Berührung oder dem Versuch, sie aufzuheben, den eigenen Besitzer), evtl. Blasenlähmung mit der Unfähigkeit, Urin abzusetzen, häufig gefolgt von der sogenannten *schlaffen Lähmung*. Bei der schlaffen Lähmung sind die Gliedmaßen nicht mehr innerviert, also gefühllos. Sie schleifen hinter dem Körper her. Schmerzhaftigkeit ist kaum noch vorhanden. Oft besteht gleichzeitig eine schlaffe Blasenlähmung: Der Urin kann nicht gehalten werden und läuft daher beim Hochheben oder Bewegen passiv aus.
Ob es sich um eine nur zeitweise bestehende, reversible Lähmung oder um eine nicht regenerationsfähige Schädigung des Rückenmarks und der Nerven handelt, hängt davon ab, wie weit die Bandscheibe in den Wirbelkanal vorgefallen ist und wie schnell sich die Heilungsvorgänge mobilisieren lassen, die zum Freiwerden der Nerven notwendig sind. Im Zweifelsfall kann eine Röntgenaufnahme Aufschluß geben. Bei Lähmungen, die länger als 14 Tage bestehen,

muß die Prognose immer vorsichtig gestellt werden.

Eine weitere Veränderung der Wirbelsäule stellt die sogenannte *Spondylose* dar. Man versteht darunter Zubildungen zwischen den Wirbeln und zwar am unteren Wirbelrand, die dazu führen, daß die Beweglichkeit der Wirbel gegeneinander eingeschränkt wird und beim Bewegen, Aufstehen und Hochspringen Schmerzen auftreten. Diese Zubildungen können so umfangreich sein, daß es zu »Verwachsungen« von Wirbeln kommt. Sie treten auf im Bereich der Hals-, Brust- und Lendenwirbelsäule, letzteres besonders bei großen Hunderassen.
Spondylosen bestehen oft lange Zeit, ohne merkliche Beschwerden zu verursachen.

Therapie

Bei dem akuten Bild einer Distorsion, eines beginnenden oder drohenden Bandscheibenvorfalls, sind folgende Symptome zu beobachten: Die Hunde laufen plötzlich mit aufgekrümmtem Rücken, steifen Hinterbeinen, haben einen eigenartig trippelnden Gang. Sie wollen keine Treppen gehen, nicht auf Polster springen, schreien auf, wenn man sie anfassen will, manchmal auch, wenn sie sich im Korb drehen. Sie verweigern die Futteraufnahme, setzen keinen Stuhl und keinen Harn ab, der Bauch ist hart und gespannt. Dabei sind sie äußerst unleidlich und aggressiv. Stundenweise kann es ihnen auch besser gehen, aber bei einem ungeschickten Sprung, einer schnellen Drehbewegung sind die Schmerzen wieder da.

Nux vomica

Bei diesem Symptomenbild gibt man *Nux vomica*, *Strychnos Nux vomica*, die Brechnuß oder das Krähenauge, die Frucht eines aus Indien stammenden Baumes. *Nux vomica* enthält als wichtigsten Wirkstoff das Strychnin, ein Krampfgift. *Nux vomica* ist immer dann angezeigt, wenn sogenannte spastische, d.h. verkrampfende Schmerzen vorliegen. Der Bauch dieser Hunde, ihre Rückenmuskulatur, die Blase und der Darm sind verkrampft, die Beine werden nach vorn untergeschoben. *Nux vomica* wirkt in diesen Fällen krampflösend, damit schmerzstillend und fördert die Regeneration der Nerven.

Dosierung: *Nux vomica D6, 2–5× täglich 1 Dosis.*
Man gibt das Mittel im ganz akuten Stadium mit großen Schmerzen alle 2 Stunden am besten in Tropfenform direkt in die Lefzenschleimhaut (s. Abb. 9, S. 30). Oft bessert sich das Bild innerhalb von Stunden, bzw. man merkt, in welchen Abständen der Hund seine Tropfen braucht. Bei Besserung verlängert man das Intervall und gibt *Nux vomica* dann nur noch 2–3× täglich für mindestens 8–10 Tage. Es ist oft erstaunlich, wie schnell der Bauch wieder weich wird und sich entspannt, Blähungen abgehen, Harn abgesetzt werden kann, der Hund Wasser trinkt, etwas Nahrung aufnimmt und sich lockerer bewegt.

Nux vomica führt aber nicht nur zu einer Herabsetzung der Schmerzen und Wiederherstellung der Funktion, sondern bei längerer Gabe auch zu einer Stabilisierung.
Die Schmerzanfälle treten nicht so häufig auf wie bei der üblichen Therapie, die einfach entzündungshemmend und schmerzlindernd wirkt.
Zudem sind gerade Tiere mit Diskopathien oft sehr fettleibig und anfällig für Nierenstörungen. Sie reagieren auf die üblichen Tabletten und Spritzen mit Erbrechen, Inappetenz, auf Cortisongabe mit vermehrtem Durst und Fettsucht. Bei homöopathischer Therapie sind die Hunde

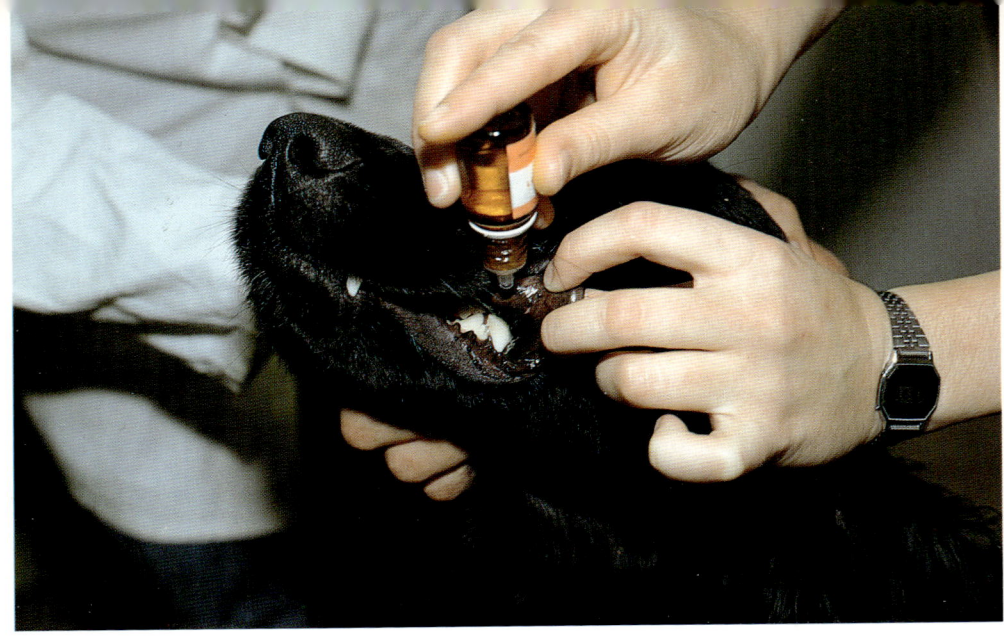

Abb. 9. Einträufeln von Dilution: Lefzenhaut hochziehen, Tropfen direkt oder mit dem Löffel in die Lefzentasche laufen lassen; mit aufgelösten Tabletten kann ebenso verfahren werden (Foto: Rakow)

schneller bei gutem Allgemeinbefinden. Sie jammern vielleicht noch zwei-, dreimal am Tag kurz auf, aber die Krankheit scheint ihnen nicht soviel auszumachen, es treten keine Nebenwirkungen auf.

Selbstverständlich kann man mit homöopathischer Therapie, ebenso wie mit jeder anderen, sogenannten konservativen Therapie, verkalkte Bandscheiben nicht wieder regenerieren oder Vorfälle direkt beseitigen. Aber man kann Folgen wie Entzündungen, Ergüsse und geschädigte Nerven behandeln und damit den Hund von seinen Beschwerden befreien. Dies gelingt relativ gut, so daß man trotz fortgeschrittener Operationstechnik nur in Notfällen zur Operation rät.

Colocynthis

Hört der Schmerz trotz *Nux vomica* nicht auf, so kann man zusätzlich ein weiteres Mittel geben: *Colocynthis*, die Koloquinte, eine in Ostafrika, West- und Südasien heimische Pflanze.

Bei Colocynthis stehen die starken Bauchschmerzen im Vordergrund. Der Rücken wird sehr stark gekrümmt, der Hund läßt Druck auf den Bauch oder Massieren und Reiben des Bauches gerne zu.

Dosierung: *Colocynthis D4*, 2× täglich 1 Dosis.

Bryonia

Will der Hund sich aus Angst vor dem Schmerz überhaupt nicht mehr bewegen, hat er Angst vor jeder Bewegung, ist er überaus mißtrauisch und aggressiv, so kann man zusätzlich zu *Nux vomica* auch *Bryonia*, die Zaunrübe oder Teufelsrübe, geben.

Dosierung: *Bryonia D4*, 2–4× täglich 1 Dosis.

Rhus toxicodendron

Nach Abklingen der akuten Beschwerden bleibt oft eine gewisse Schwäche der Hinterbeine zurück, die besonders bei nassem oder naßkaltem Wetter auftritt. Hier gibt man *Rhus toxicodendron*. Es wirkt auch hier kräftigend auf alle Bänder und Sehnen ein.

Dosierung: *Rhus toxicodendron D6*, 2× täglich 1 Dosis für 1–2 Wochen.

Ist es nun trotz Therapie, oder überhaupt, zur schlaffen Lähmung mit Nachschleifen der Hinterhand gekommen, so liegt das *Nux vomica*-Bild nicht mehr typisch vor. Man gibt es daher nur noch 2× täglich und gleichzeitig *Plumbum aceticum D6*, 2× täglich 1 Tablette.

Plumbum aceticum, das Bleiacetat oder der sogenannte Bleizucker, ist ein Mittel für schlaffe Lähmungen, auch für schlaffe Blasen- und Darmlähmungen, wenn der Urin sich auf Druck beim Hochheben entleert und die Tiere kein oder wenig Gefühl haben, wann die Blase entleert werden muß. Das in Wasser lösliche Bleiacetat wird nicht im Organismus eingelagert und kann daher bedenkenlos auch über 2–3 Wochen gegeben werden, wenn es notwendig sein sollte. Bei der schlaffen Lähmung sind die Hinterbeine gefühllos. Man kann dies prüfen, indem man mit dem Finger fest in die Pfote zwischen die Ballen drückt. Der Hund müßte die Pfote bzw. das Bein reflektorisch anziehen. Liegt eine Lähmung vor, so wird die Pfote nicht angezogen.

Die Regeneration der Nerven erfolgt von oben nach unten, so daß man merken kann, wie erst die Muskulatur des Oberschenkels wieder bewegt werden kann und dann das Gefühl langsam nach unten kommt. Daher wird bei Aufsteh- oder Laufversuchen die Pfotenspitze zunächst falsch, d.h. auf der oberen Seite aufgesetzt (Überköten). Dies muß Beachtung finden, da die so gelähmten Tiere ja kaum Schmerzen haben, aber oft sehr mobil werden. Sie reiben sich dann leicht die Pfoten auf.

Man kann die in diesem Stadium durchaus wünschenswerten Bewegungsversuche unterstützen, indem man einen langen Schal oder ein Tuch um den Bauch des Tieres legt, oben zusammenhält und damit die hintere Wirbelsäule und den Bauch anhebt. So kann der Hund in der normalen Haltung laufen und durch die Bewegung der Oberschenkelmuskulatur sein Gleichgewichtsgefühl trainieren. Man gibt *Plumbum aceticum* so lang, bis auch die Pfotenspitzen innerviert sind.

Dosierung: *Plumbum aceticum D6*, 2× täglich 1 Tablette.

Zur Nachbehandlung hat sich *Nux vomica* 1× täglich in der *D 6* und *Rhus toxicodendron* 1× täglich in der *D 6* bewährt.

Harpagophytum

Liegen Verkalkungen der Bandscheiben an mehreren Stellen vor oder bestehen Verkalkungsbrücken zwischen den Wirbeln (Spondylosen) mit immer wiederkehrenden Schmerzen beim Aufstehen und steifem Gang, so kann man *Harpagophytum* versuchen.

Harpagophytum procumbens, die Teufelskralle, ist eine aus Südafrika stammende Pflanze mit tief in den Boden eindringenden Speicherwurzeln. Sie hat sich beim Hund nicht nur bei den beschriebenen Wirbelsäulenveränderungen, sondern auch bei Arthrosen der Hüftgelenke bewährt. Behandlungserfolge können allerdings nur dann erwartet werden, wenn die Hunde wenigstens noch aufstehen können.

Dosierung: *Harpagophytum D2*, 2–3× täglich 1 Dosis über längere Zeit.

Halswirbelsäule

Bei Schmerzen und Beschwerden an der Halswirbelsäule haben sich die gleichen Mittel bewährt wie bei der Behandlung im Brustwirbel-Lendenwirbelbereich.

Man muß dabei bedenken, daß einseitige, sehr schmerzhafte Lahmheiten eines Vorderbeines durchaus auch einmal von einem einseitig eingeklemmten oder geschädigten Nerv der Halswirbelsäule infolge Diskusverkalkung kommen können.

Oft kann man eine Verhärtung, Verspannung und scheinbare Anschwellung der Muskulatur der Halswirbelsäule direkt fühlen, und eine leichte Massage wird von vielen Hunden gern geduldet und als Erleichterung empfunden.

Grundsätzlich kann man sagen, daß die Beschwerden an der Halswirbelsäule hartnäckiger und langanhaltender sind als im Lendenwirbelbereich. Die Tiere laufen immer wieder mit eingezogenen Ohren und nach vorn und unten steif gehaltenem Kopf umher und haben Schmerzen, wenn sie an den am Boden stehenden Futternapf wollen. Bei kaltem Wetter empfiehlt sich unbedingt das Anlegen eines weichen Wollschals, der von vielen Hunden gern geduldet und sogar im Haus getragen wird.

Wegen der hartnäckigen Schmerzen müssen bei der Behandlung *Bryonia* und auch *Colocynthis*, wie zuvor beschrieben, zur Anwendung kommen.

Lachnanthes

Ein weiteres Mittel für die Halswirbelsäule ist *Lachnanthes*. Lachnanthes tinctoria, die Rotwurzel, kommt aus den Sümpfen in der Küstennähe von Nordamerika. Das Mittel hat sich auch dann bewährt, wenn röntgenologische Verkalkungen oder Spondylosen nachweisbar sind.

Dosierung: Lachnanthes D3, 2–3× täglich 1 Dosis.

In überaus hartnäckigen Fällen sollte allerdings der Tierarzt entscheiden, ob ein operativer Eingriff evtl. ratsam oder angezeigt ist.

Infektions- und Fiebermittel

Es gibt in der Homöopathie einige sogenannte Infektions- oder Fiebermittel oder auch Anfangsmittel, die bei entsprechender Symptomatik zur Anwendung kommen, ganz gleich, ob es sich um eine akute Infektion des Rachens, der Lunge, des Magen-Darm-Kanals oder wo auch immer handelt. Sie werden daher an dieser Stelle gesondert dargestellt. Bei den einzelnen Organerkrankungen wird dann entsprechend Bezug genommen.

Aconitum

Aconitum napellus, der Blaue Eisenhut oder Sturmhut, gehört zu den giftigsten Heilpflanzen Europas.

Homöopathisch potenziert findet er Anwendung im allerersten Stadium einer ganz akut verlaufenden Infektion, wenn sich innerhalb weniger Stunden hochakute Krankheitszeichen entwickeln mit Unruhe, Ängstlichkeit, Schreckhaftigkeit und Temperaturen über 41,0 °C.

Die Schleimhäute sind rot, der Puls hart und klopfend. Der Krankheitsprozeß ist noch nicht lokalisiert, d. h., man kann noch nicht erkennen, ob sich die Krankheit in der Lunge, im Magen-Darm-Bereich oder wo auch immer festsetzen wird.

Ein solch stürmischer (»Sturmhut«) und lebensbedrohlicher Verlauf liegt meist bei Viruserkrankungen vor; er entwickelt sich häufiger bei trockenem, kaltem Wetter und kaltem Nord- oder Nordostwind.

Das beschriebene Krankheitsstadium hält nur wenige Stunden an, dann lokalisiert sich die Erkrankung, und andere Symptome treten auf. Das *Aconitum*-Stadium ist vorbei. Häufig wird dieses Stadium vom Tierbesitzer gar nicht erkannt und daher auch nicht entsprechend behandelt. Noch seltener gelangen diese Fälle zum Tierarzt.

Gibt man in dem beschriebenen Krankheitsstadium 1 bis höchstens 3 Gaben *Aconitum D4* im Abstand von ½ Stunde, so kann man die Infektion kupieren, d.h. den schweren Krankheitsverlauf verhindern. Die Tiere sind am nächsten Tag noch etwas schlapp, nehmen etwas Nahrung auf, es kommt nicht zum Ausbruch der Krankheit.

In den allermeisten Fällen jedoch entgeht uns dieses »*Aconitum*-Bild«, oder es hat sich nicht entwickelt, und wir haben Symptome eines anderen Fiebermittels:

Belladonna

Atropa belladonna, die Tollkirsche, gehört ebenfalls zu den einheimischen Giftpflanzen.
Auch *Belladonna* ist ein Mittel für akute Infektionen mit Fieber über 40,0 °C. Es ist meist bei bakteriellen Infektionen angezeigt, die zu eitriger Sekretion führen.

Die Tiere haben rote, teilweise dunkelrote Schleimhäute und Herzklopfen. Das Krankheitsbild hat sich innerhalb eines halben oder eines Tages entwickelt. Der Krankheitsort, z.B. ein Eiterungsprozeß im Gelenk, aber auch eine Lungenentzündung, ist zu erkennen. Das Gelenk ist dick, rot, heiß, geschwollen und schmerzhaft, bei der Lungenentzündung ist Atemnot, Rasseln und beginnender Husten zu erkennen. Die Tiere machen feuchte Fußabdrücke, ein Zeichen erhöhter Schweißproduktion. Sie können sehr überregt, unruhig und aggressiv sein, aber

Abb. 10. Aconitum napellus, der Blaue Eisenhut oder Sturmhut, eine der giftigsten Heilpflanzen Europas; in der Homöopathie angewendet im allerersten Stadium einer hochakut verlaufenden Infektion (Foto: DHU).

auch völlig apathisch, teilnahmslos, wie kurz vor der Bewußtlosigkeit.
In diesen Fällen ist *Belladonna D4*, alle 3–4 Stunden eine Dosis, zu geben. Eine klinische Untersuchung durch den Tierarzt ist aber dennoch erforderlich.
Bei *Belladonna* muß sich der Krankheitszustand innerhalb von 24 Stunden gebesssert haben, und die Tiere müssen zumindest munterer erscheinen. Dann kann man die bei den Organerkrankungen beschriebenen Mittel je nach Symptomen folgen lassen.

Lachesis

Das Gift einer Viper aus Mittel- und Südamerika ist ein weiteres, wichtiges Fiebermittel für ganz akute Infektionen. Viele Virusinfektionen laufen zu Beginn mit *Lachesis*-Symptomen ab. Die Temperatur steigt über 40,0 °C. Die Tiere sind sehr apathisch und schwach und nehmen keine Nahrung auf. Auffällig sind die eher bläulichen Schleimhäute und ein schwacher, frequenter (schneller) Herzschlag.
Waren *Aconitum* und *Belladonna* Mittel, die ihre Symptome hauptsächlich am Nachmittag oder abends entwickeln, so geht es einem Hund, der *Lachesis* braucht, morgens nach dem Aufwachen am schlechtesten.
Er will kaum aufstehen. Der Krankheitsherd ist lokalisierbar. Wie beim Schlangenbiß der Viper steht jedoch nicht die Eiterung oder eitrige Entzündung im Vordergrund, sondern die allgemeine Sepsis, d. h. die Überschwemmung und Schädigung des Organismus mit Giftstoffen (auch Bakterien-Toxinen). Die Veränderungen sind weniger eitrig als nekrotisch, d. h., Gewebe stirbt ab. Es fehlt die Abstoßung (Demarkation) dieses Gewebes und die Ausscheidung der Giftstoffe (Toxine). Dies gilt, übertragen auf den Hund, für Infektionen an der Pfote ebenso wie für Erkrankungen von Lunge, Magen, Darm oder Gebärmutter, besonders häufig für das Anfangsstadium einer Virusinfektion, immer wenn die Krankheit akut, mit hohem Fieber und Schwäche und einer nicht oder noch nicht eitrigen Allgemeininfektion verläuft.
Diesen Hunden gibt man *Lachesis D8*, 2× täglich 1 Dosis.
Es sollte eine deutliche Besserung innerhalb von 6–12, maximal 24 Stunden eintreten.
Da Lachesis ein zwar sehr schnell, aber in seiner Wirkungsdauer nur kurz anhaltendes Mittel ist, gibt man es für 4–5 Tage.
Zum »*Lachesis*-Bild« gehört neben dem beschriebenen, septischen Verlauf aber auch eine weniger akute Krankheitsform: die Entzündung von Rachen, Mandeln und Halslymphknoten. Sie tritt besonders häufig bei Welpen und Junghunden, aber auch bei erwachsenen Hunden nach Durchnässung, Unterkühlung usw. auf. Die Halslymphknoten sind vergrößert und schmerzhaft, besonders auf der linken Seite, die Mandeln (Tonsillen) ebenfalls vergrößert und dunkelrot. Die Hunde haben Schluckbeschwerden.
Hier gibt man *Lachesis D12* (oder auch *D8*), 2× täglich 1 Dosis, in hartnäckigen Fällen für 8–10 Tage.

Ferrum phosphoricum

Ferrum phosphoricum ist ein Infektionsmittel für den weniger akuten Krankheitsverlauf. Die Erkrankung besteht schon einige Tage, die Körpertemperatur ist erhöht (ca. 39,5°–39,9 °C). Die Tiere nehmen etwas Nahrung auf, die Lokalsymptome, z.B. Bronchitis oder Durchfall, sind vorhanden, keineswegs lebensbedrohend, aber hartnäckig. *Ferrum phosphoricum* paßt besonders für jüngere Hunde unter einem Jahr. Die Tiere sind lebhaft, temperamentvoll, spielen gern, aber ermüden auch leicht. Sie sind anfällig für Infektionen und leiden unter immer wieder-

kehrendem Durchfall oder einer Bronchitis. Die Schleimhäute sind trotz Entwurmung relativ blaß. Die Tiere erbrechen leicht unverdautes Futter und neigen zu Durchfällen.
Ferrum phosphoricum bewirkt hier nicht nur eine Ausheilung der Infektion, sondern führt gleichzeitig auch zu einer Steigerung der Abwehrkräfte des Organismus, die Tiere verlieren ihre Krankheitsanfälligkeit.
Dosierung: Ferrum phosphoricum D8, 1–2× täglich ½ bis 1 Tablette für 2–4 Wochen.

Erkrankungen am Ohr

Von den Erkrankungen am Ohr ist beim Hund die Entzündung der äußeren Gehörgänge durch Milben, bakterielle Erreger oder auch Pilze, vor allem bei den Rassen mit Hängeohren, am bedeutungsvollsten. Man unterscheidet akute und chronische, eitrige und nicht eitrige, ein- oder beidseitige Verlaufsformen. Daneben kommen noch die Mittelohrentzündung (Otitis media), der Bluterguß der Ohrmuschel (Othämatom) und Entzündungen, Ekzeme usw. der äußeren Ohrmuschel häufiger vor. Fremdkörper wie Getreidegrannen oder kleine Splitter verursachen plötzliche Unruhe, Scharren und Kopfschiefhalten und müssen mit Spezialinstrumenten vom Tierarzt entfernt werden.
Die homöopathische Behandlung von Erkrankungen am Ohr ist im allgemeinen als Unterstützung der örtlich angewandten Mittel zu sehen. Je nach Art der Veränderung ist es durchaus notwendig, Mittel mit insektizider Wirkung zur Abtötung der Milben oder auch eines der handelsüblichen Präparate mit antibakterieller und antimykotischer (pilzhemmender) Wirkung anzuwenden.

Akute Gehörgangsentzündung (Otitis externa)

Der akut entzündete Gehörgang ist mehr oder weniger schmerzhaft, die Hunde kratzen am Ohr und schütteln die Ohren, der Eingang zum Gehörgang oder die Innenseite der Ohrmuschel sind gerötet, haben Pusteln, Bläschen oder krustige Stellen. Aus dem Gehörgang tritt wäßriges, eitriges oder blutiges Sekret unterschiedlicher Farbe und Konsistenz und mehr oder weniger intensiv riechend oder stinkend.
Hält der Hund den Kopf schief, ist an einen Fremdkörper oder eine begleitende Mittelohrentzündung zu denken bzw. an einen Defekt des Trommelfells.

Ohrmilben

Dunkelbraunes, schwärzliches, sehr pappiges und eigenartig riechendes Sekret spricht für Milbenbefall und sollte in tierärztliche Behandlung.
Unterstützend kann man das Ohr mit verdünnter Calendula-Tinktur reinigen, wie bei der Wundbehandlung beschrieben, und auf wunde Stellen vorsichtig Calendula-Salbe oder Hypericum-Öl auftragen. Unverdünnte Calendula-Tinktur hat zwar eine abtötende Wirkung auf Milben. Sie brennt jedoch zu sehr im entzündeten Gehörgang und fördert die Verkrustung des Sekretes. Calendula-Salbe wäre in dieser Hinsicht besser, aber man kann sie nur schwer in die Tiefe des Gehörganges einbringen, wo sie eigentlich wirken sollte. Daher ist es besser, auf eines der handelsüblichen, die Milben abtötenden Mittel zurückzugreifen, die außerdem gleichzeitig sekretlösend und entzündungshemmend wirken.

Akute, eitrige Gehörgangsentzündung

Die eitrige Gehörgangsentzündung kann durch Eindringen von Sand, Erde, Wasser oder auch aus unbekannten Ursachen entstehen. Wir unterscheiden verschiedene Krankheitsformen:

Hepar sulfuris

Bei hochgradiger Schmerzhaftigkeit, wenn der Hund sich kaum oder gar nicht an die Ohren fassen läßt, vor Schmerz kaum noch schüttelt, das eitrige, stinkende (nach altem Käse), gelbliche oder grünliche Sekret die Haare am Ohrausgang verklebt und die Haut wundmacht, denken wir zuerst an *Hepar sulfuris*, unser Mittel für alle akuten Eiterungen mit den beschriebenen Symptomen.
Wir geben es in der D8, 2× täglich 1 Dosis für 1–3 Tage.
Dann müssen sich die Symptome schon entscheidend gebessert haben, oder das Mittel war nicht angezeigt.
Äußerlich kann man den Gehörgang mit verdünnter »Calendula-Extern«-Tinktur reinigen und anschließend mit *Calendula*-Salbe, am besten jedoch mit *Hypericum*-Öl behandeln, wobei das *Hypericum*-Öl ruhig in den Gehörgang einlaufen soll.
Wichtig ist, daß die verklebten Haare gegebenenfalls weggeschnitten werden und die darunterliegende, meist ebenfalls bereits wunde Haut mitbehandelt wird.
Nach 1–2 Tagen kann dann bei Bedarf eines der handelsüblichen Kombinationspräparate örtlich angewandt werden.

Mercurius solubilis

Ist das Sekret weniger eitrig, aber stark wundmachend, fast ätzend, stinkend, und bilden sich Geschwüre, so gibt man in diesem Fall *Mercurius solubilis Hahnemannii*, ein Gemenge aus verschiedenen Quecksilberverbindungen.
Mercurius solubilis wird bei allen Schleimhautentzündungen angewandt, die mit Geschwürbildung (Ulcera) einhergehen und ein wundmachendes, fast ätzendes Sekret mit Schmerzhaftigkeit und Blutungsneigung aufweisen.
Dosierung: *Mercurius solubilis* D8 oder D12, 2× täglich 1 Dosis.
Die äußerliche Behandlung kann erfolgen wie bei *Hepar sulfuris* beschrieben.

Subakute, eitrige Gehörgangsentzündung

Pulsatilla

Die weniger akut und dramatisch verlaufende Form der Gehörgangsentzündung tritt oft einseitig auf. Das Sekret ist dicklich gelblich oder auch gelblich-grünlich, aber *nicht* wundmachend. Daher besteht nur geringe oder gar keine Schmerzhaftigkeit.
Bei dieser Form muß man an *Pulsatilla* denken. *Pulsatilla pratensis*, die Wiesenküchenschelle, gehört zu den bei uns heimischen Pflanzen. Sie kommt immer dann zur Anwendung, wenn sich bei Schleimhautentzündungen ein mildes, nicht wundmachendes, dickliches, eitriges Sekret bildet.
Dosierung: *Pulsatilla* D4, 2× täglich 1 Dosis, für ca. 8–14 Tage.

Causticum

Ist das Sekret mehr klebrig/pappig, der Gehörgang aber dennoch wund und zu Blutungen neigend, so hat sich *Causticum* bewährt. *Causticum Hahnemannii* wird aus frisch gebranntem Kalk unter Zusatz von schwefelsaurem Kali hergestellt. Die Schleimhautentzündung ist subakut bis chronisch, die Oberfläche gerötet, höckrig, neigt mitunter zu Blutungen, das Sekret ist

Abb. 11. Pulsatilla pratensis, die Wiesenküchenschelle oder Kuhschelle, für Schleimhautentzündungen mit gelblichem oder grünlichem, nicht wundmachendem Sekret und zur Regulierung der Funktionen des Eierstocks und der weiblichen Geschlechtsorgane (Foto: DHU)

klebrig/pappig. Infolge der länger bestehenden Entzündung vergrößern sich die Knorpelwülste des Gehörganges und engen den Gehörgang ein. Dadurch kann das Sekret noch schlechter abfließen und wird noch schneller zersetzt, weil immer weniger Luft an den Gehörgang kommt.
Dosierung: Causticum D12 oder D30, 1× täglich 1 Dosis für 2–3 Wochen, evtl. auch zusammen mit Calcium carbonicum Hahnemannii D12, täglich 1 Dosis.
Mit dieser Therapie kommt es tatsächlich zur Rückbildung der Wülste, die Schleimhautoberfläche wird wieder glatt, das Sekret verschwindet.
Zusätzliche örtliche Behandlung des Gehörganges ist allerdings anzuraten. Bei nur örtlicher Anwendung neigt diese Entzündungsform zum Rezidivieren, d.h. Wiederauftreten, sobald das Mittel einmal abgesetzt wird. Daher führt erst die homöopathische Therapie zur Ausheilung.

Graphites

Ebenfalls honigartiges, klebriges Sekret hat auch Graphites, der Graphit oder das Reißblei, im Arzneimittelbild. Das Sekret ist mild, der Gehörgang nicht wund und auch nicht schmerzhaft. Graphites wirkt besonders gut bei sehr gutmütigen, dicken, schlaffen, gefräßigen Hunden. Wegen ihrer Gutmütigkeit hängt man sehr an ihnen und kann ihnen die Extra-Happen, die zur Fettleibigkeit führen, schlecht abschlagen.
Dosierung: Graphites D6 oder D8, 2× täglich 1 Dosis, für 2–3 Wochen.
Zusätzliche örtliche Behandlung ist empfehlenswert.

Chronische Gehörgangs-entzündung

Chronische, schon monate- oder gar jahrelang bestehende Gehörgangsentzündungen sind auch homöopathisch nicht ganz einfach erfolgreich zu behandeln.
Meist liegt der eigentliche Erkrankungsherd an einer anderen Stelle. Bei Otitis immer nur rechts muß man an eine Erkrankung im Bereich Verdauungstrakt/Leber denken, bei Otitis nur links an eine Störung im Hormonhaushalt, besonders im Bereich der Gonaden (Hoden, Eierstöcke).
Eine andauernde Heilung dieser Entzündungen ist daher nur durch Erkennen und Therapie der

Grundkrankheit möglich. Untersuchung von Leber, Niere, Darm, Geschlechtsorganen, Schilddrüse usw. können hier weiterhelfen. Auch eine Umstellung der Ernährung kann angezeigt sein.

Diese Fälle gehören in die Hand eines erfahrenen Homöopathen, der dann anhand der allgemeinen Reaktion auf ein homöopathisches Arzneimittel feststellen kann, ob der Erfolg eintreten wird.

Man muß dabei allerdings auch bedenken, daß bei schon jahrelang bestehender Entzündung die Schleimhaut des Gehörganges so verändert sein kann, daß eine vollständige Wiederherstellung und Ausheilung nicht mehr möglich ist und man die Beschwerden nur lindern oder ein weiteres Fortschreiten verhindern kann.

Ist der Gehörgang durch eine chronische Entzündung sehr stark eingeengt, so ist eine operative Erweiterung möglich oder notwendig. Das Sekret kann dann wieder besser abfließen, es kommt mehr Luft an den Gehörgang, der Hund wird weitgehend beschwerdefrei.

Mittelohrentzündung (Otitis media)

Bei einer Entzündung des Mittelohres hält der Hund den Kopf deutlich schief, immer nach einer Seite. Er ist ruhig und matt und nimmt kein oder wenig Futter auf. Nur der Tierarzt kann feststellen, ob es sich um eine Entzündung nur des äußeren Gehörganges handelt oder ob das Mittelohr mitbetroffen ist oder ob evtl. ein Fremdkörper im Gehörgang Ursache für das Schiefhalten des Kopfes ist.

Für die homöopathische Behandlung der Mittelohrentzündung haben sich 2 Mittel bewährt: *Hepar sulfuris*, bei hoher Schmerzhaftigkeit und Berührungsempfindlichkeit, wenn ein Eiterungsprozeß vorliegt.

Man gibt auch hier *Hepar sulfuris D8*, 2–3×täglich 1 Dosis für 1–3 Tage.
Dann muß der Sekretfluß eingetreten und die Schmerzhaftigkeit fast verschwunden sein.

Zur Nachbehandlung oder bei nicht so deutlicher Schmerzhaftigkeit und Eiterung gibt man *Ferrum phosphoricum D8*, 2× täglich 1 Dosis.
Ferrum phosphoricum, das Ferriphosphat, gehört zu den Infektions- und Fiebermitteln für länger dauernde Infektionen mit nicht so hohem Fieber. Es hat sich bei der Behandlung der Mittelohrentzündung besonders bewährt.
Dosierung: *Ferrum phosphoricum D8* 2× tägl. 1 Dosis.

Ob eine zusätzliche Behandlung des äußeren Gehörganges notwendig ist, muß der Tierarzt unterscheiden. Je nach Veränderung des äußeren Gehörganges können auch die zuvor beschriebenen homöopathischen Mittel zur innerlichen Verabreichung angezeigt sein.

Erkrankungen der Augen

Bindehautentzündung (Konjunktivitis)

Von den Erkrankungen am Auge ist die Bindehautentzündung (Konjunktivitis) sicher am häufigsten. Durch Wind, Luftzug am offenen Autofenster, Sand, Pollen, Grashalme oder sonstigen Reiz kann eine Bindehautentzündung mit Rötung, Tränenfluß, Juckreiz mit Wischen der Augen oder Reiben am Boden entstehen.
Bindehautentzündungen durch zusätzliche feinste Härchen an der Innenseite der Augenlider, eingerollte oder hängende Lider nehmen eine Sonderstellung ein und gehören in tierärztliche Behandlung.

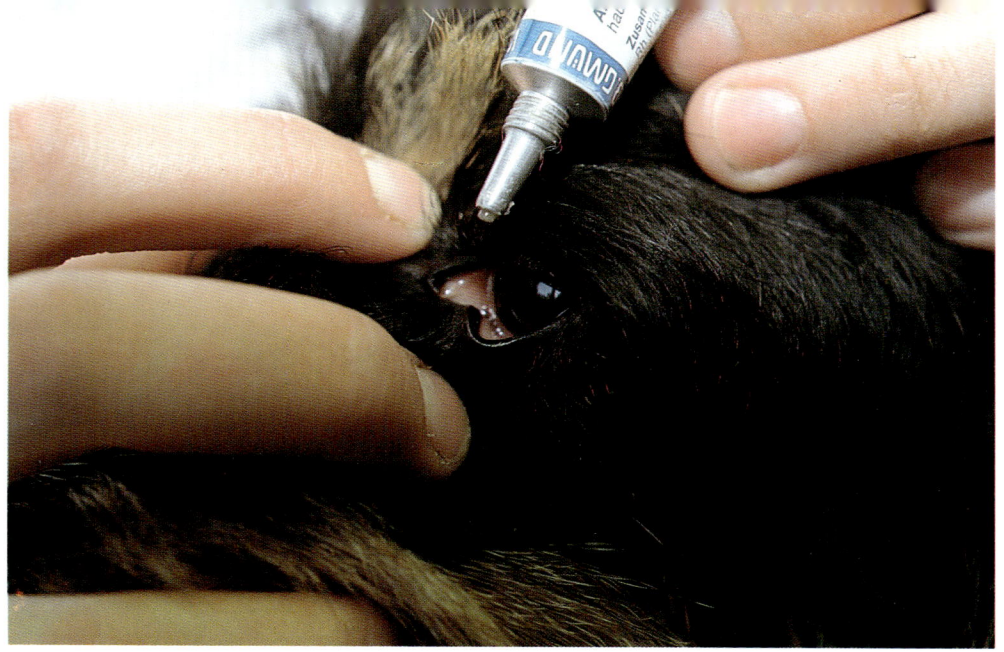

Abb. 12. Augensalbe verabreichen: die Lider zur Nase hinziehen, Salbe am oberen oder unteren Lidrand abstreifen (Foto: Rakow)

Für die Anwendung am Auge eignet sich beim Hund meist eine Augensalbe besser als Tropfen, da der Wirkstoff der Salbe länger im Auge bleibt und nicht, wie bei den Tropfen, durch den Tränenfluß gleich wieder weggeschwemmt wird. Viele Hunde lassen sich die Salbe auch besser ins Auge geben. Man zieht dazu die Lider zur Nase hin und streift etwas Augensalbe am oberen oder unteren Innenrand des Lides ab (s. Abb. 12).

Bewährt hat sich in erster Linie die *Euphrasia-Augensalbe*, die von verschiedenen Firmen hergestellt wird (z.B. *Euphrasia comp. Augensalbe*). Sie wirkt schmerz-, juckreiz- und entzündungshemmend bei allen frischen Bindehautentzündungen, wenn das Sekret wäßrig oder weißlich ist. Daneben haben sich der *Actihaemyl-Augengel®* und die *Conjunctisan B-Augentropfen®* als Therapeutika ohne Antibiotika und Cortison bewährt.

Zur Reinigung verklebter Augen kann man einen Wattebausch nehmen, den man in verdünnter *Kamille* anfeuchtet. Bei einigen Hunden kann es jedoch durch die Kamille auf Dauer zu Unverträglichkeiten oder allergischen Veränderungen und damit Verschlimmerung der Bindehautentzündung kommen.

Besser ist daher die Reinigung der Augenlider mit einer verdünnten *Euphrasia-Tinktur*, z.B. »*Euphrasia Extern*«. Man gibt ca. 5 Tropfen auf 1 Eßlöffel Wasser.

Die Anwendung von Borwasser ist beim Hund nicht empfehlenswert.

Bei sehr unruhigen, ängstlichen und empfindlichen Tieren ist die Verabreichung von Augentropfen oder Augensalbe vor allem in den ersten

Abb. 13. Euphrasia officinalis, der Augentrost, bei akuter Bindehautentzündung mit wundmachendem Tränenfluß und bei frischen Hornhautverletzungen
(Foto: DHU)

Tagen einer Bindehautentzündung nicht ohne weiteres möglich. Hier hat sich die Eingabe einiger homöopathischer Arzneimittel bewährt. Sie lindern Entzündung und Juckreiz und erleichtern so die spätere lokale Behandlung. An folgende Mittel ist zu denken:

Euphrasia

Euphrasia officinalis, der Augentrost. Es handelt sich um eine auch bei uns heimische Pflanze, die, wie der Name sagt, schon in der Volksheilkunde als »Augentrost« bekannt ist. Aufbereitungen werden auch zur äußerlichen Behandlung hergestellt, wie im Abschnitt zuvor erwähnt. *Euphrasia* in homöopathischer Potenz innerlich gegeben, ist dann angezeigt, wenn es sich um eine erst seit 1 oder 2 Tagen bestehende Bindehautentzündung handelt. Die Lider werden zusammengekniffen, die Bindehäute sind deutlich gerötet. Der Sekretfluß ist stark vermehrt, aber klar und wäßrig oder höchstens weißlich und – das ist für *Euphrasia* charakteristisch – wundmachend.
Dosierung: *Euphrasia D2* oder *D4*, 2–5× täglich 1 Dosis.

Apis

Sind die Bindehäute eher hellrosa, aber ödematös angeschwollen und lassen so den Blick auf Hornhaut oder Iris kaum zu, so gibt man *Apis D4*, 2–5× täglich 1 Dosis.
Die Tiere sind sehr schmerz- und berührungsempfindlich, lassen sich jedoch kalte Kompressen auflegen. Auch für die Reinigung der verklebten Augen wird der in kalte Lösung getränkte Wattebausch eher geduldet, während bei fast allen anderen Entzündungsformen die Hunde sich mit einer leicht angewärmten Lösung besser behandeln lassen.
Apis wird aus *Apis mellifica,* der Honigbiene, hergestellt und hat akute, schmerzhafte Entzündung mit ödematöser Anschwellung im Arzneimittelbild, wie wir sie von einem Bienenstich kennen. Kühle Umschläge oder kühle äußere Anwendung bessern die Schmerzen.

Mercurius solubilis

Ein drittes homöopathisches Arzneimittel für die Bindehautentzündung ist *Mercurius solubilis.* Ähnlich wie beim Gehörgang haben wir auch hier eine tiefgreifende Entzündung mit Bildung von kleinen Geschwüren, weißlichem

oder auch eitrigem, stark wundmachendem Sekret. Die Lidränder und vor allem auch die Haut in der Umgebung des inneren (nasalen) Augenwinkels sind durch den Sekretfluß nässend und entzündet.
Dosierung: Mercurius solubilis D8, 2× täglich 1 Dosis.

Bei mehr eitrigen Bindehautentzündungen ist es mitunter angebracht, für die lokale Anwendung auf eine beim Tierarzt erhältliche Antibiotika-, evtl. auch cortisonhaltige Augensalbe zurückzugreifen, die die eitrige und juckende Phase schneller überwindet und so ein Aufkratzen der Lider verhindern kann. Bei hartnäckigen Entzündungen ist auch an die Follikelbildung an der Innenseite des 3. Augenlides zu denken, die besonders häufig im Frühjahr und Sommer auftritt. Diese Follikel sind Auflagerungen, die vom Tierarzt entfernt werden müssen, wenn die Entzündung abheilen soll.

Zur Nachbehandlung oder zur Pflege bei sehr windempfindlichen Tieren eignen sich dann die zuerstgenannten Augensalben und Tropfen, die die Abheilung der Bindehaut unterstützen.

Hornhautentzündung (Keratitis)

Die Entzündung des durchsichtigen, vorderen Teiles des Auges, der Hornhaut, ist im allgemeinen an einer mehr oder weniger deutlichen Trübung zu erkennen. Diese kann sehr klein, mehr punktförmig sein, aber auch größere Flecken bilden oder die gesamte Hornhaut erfassen. Die Verfärbung sieht mehr hell-milchig, weißlich, bläulich oder, wenn Blutgefäße einsprossen, mehr rötlich aus. Oft bleiben kleine Trübungen oder schwarze Pigmentflecken zurück. Umfangreiche Trübungen können zur Erblindung führen, weshalb eine Hornhautentzündung immer eine ernst zu nehmende Erkrankung ist.

Unterstützend zur lokalen Anwendung von Augensalben oder Augentropfen kommen folgende homöopathische Arzneimittel in Frage:
Bei einer frischen, schmerzhaften Hornhautentzündung mit milchiger Trübung und starkem, auch eitrigem Tränenfluß gibt man Mercurius solubilis in der D8, 2× täglich 1 Dosis.
Es sollte dann zu einer Gefäßeinsprossung kommen, die man sehen kann oder an einer rötlichen Randverfärbung der Hornhaut erkennt. Dies ist erwünscht und notwendig, da die Hornhaut selbst ja sonst nicht mit Blutgefäßen durchzogen ist. Die Ausheilung von Defekten oder Entzündungen ist aber nur über die Blutbahn möglich. Nach Abheilung bilden sich diese Gefäße wieder zurück.
Kommt es nicht oder nur zögernd zur Gefäßeinsprossung, so gibt man einige Tage Sulfur D12, 1× täglich 1 Dosis. Besteht die Hornhauttrübung schon einige Tage, so beginnt man die Behandlung ebenfalls mit Sulfur D12 für einige Tage, um eine Aktivierung zu erreichen, und setzt dann Mercurius solubilis D8 wie oben beschrieben ein. Man kann es auch mit einer Einzelgabe Sulfur D30 versuchen.
Bei frischen Hornhautverletzungen, die nicht älter als 24 Stunden sind, beginnt man, wie bei der Bindehautentzündung, mit Euphrasia D2, 2–5× täglich 1 Dosis.
Schmerzhaftigkeit, Rötung der Bindehäute, wäßriger, wundmachender Tränenfluß entsprechen in den ersten beiden Tagen mehr dem »Euphrasia-Bild«.
Die mehr chronischen oder wiederkehrenden Hornhautentzündungen, wie wir sie z.B. beim Deutschen Schäferhund kennen, sind auch homöopathisch nicht einfach zu behandeln. Für das akute Stadium hat sich auch hier die Anwendung von Sulfur und Mercurius bewährt.
Bei wochenlang bestehenden Trübungen muß man an Mittel wie Calcium carbonicum, Causticum, Phosphor, Kalium bichromicum denken.

Für die Auswahl ist viel Erfahrung notwendig, da das Tier als Ganzes in seiner Veranlagung und seiner gesamten körperlichen Verfassung (Konstitution) berücksichtigt und erkannt werden muß.

Häufig ist es zu Pigmenteinlagerungen oder Vernarbungen gekommen, bei denen eine vollständige Regeneration nicht mehr möglich ist. Hier kann auch homöopathische Therapie nur noch ein Fortschreiten der Veränderungen verhindern.

Grauer Star (Linsentrübung)

Die Trübung der Linse (Grauer Star) tritt meist bei älteren Hunden auf und ist ein Zeichen der Alterung. Man erkennt sie daran, daß die sonst schwarze Pupille des Auges bei darauffallendem Licht einen bläulichen oder weißlichen Schimmer bekommt. Im fortgeschrittenen Stadium reagiert die Pupille auf Lichteinfall nur noch wenig, d.h., sie bleibt fast gleichmäßig weit.

Die Erkrankung entwickelt sich meist ganz allmählich, und die Hunde gewöhnen sich daran. Durch Gehör- und Geruchssinn gleichen sie den Mangel aus. In vertrauter Umgebung fällt die Beeinträchtigung der Sehfähigkeit nicht auf. Nach Infektionen oder Vergiftungen kann die Trübung der Linse schnell fortschreiten und innerhalb weniger Wochen zur Erblindung führen.

Homöopathisch kann man die Linsentrübung lange Zeit aufhalten, auch etwas aufhellen. Fortgeschrittene Fälle sind kaum beeinflußbar.

Die Arzneimittel müssen für längere Zeit bzw. in wiederkehrenden Intervallen gegeben werden. Bei beginnender Trübung gibt man bei eher gutmütigen, ruhigen Tieren *Calcium carbonicum Hahnemannii*, das aus dem Austernschalenkalk gewonnene Arzneimittel. Man gibt entweder 1× wöchentlich 1 Dosis *Calcium carbonicum D30* oder 1× täglich 1 Dosis *Calcium carbonicum D12* für 6–8 Wochen.

Bei weißlicher Trübung kann man auch *Causticum D12* geben, 1× täglich 1 Dosis für mindestens 2 Monate, und *Calcium carbonicum D30*, 1× 1 Dosis pro Woche.

Ist der Hund insgesamt schon deutlich gealtert, sind die Haare um den Fang oder die Augen ergraut, besteht bereits eine Nierenstörung, wirkt der Hund eher matt und schlapp, so kann man als »Altersmittel« *Arsenicum album* erfolgreich einsetzen. Es wird den Allgemeinzustand des Tieres verbessern und festigen und sich damit auch auf die Linsentrübung günstig auswirken.

Dosierung: *Arsenicum album D6* oder *D12*, 2× bzw. 1× täglich 1 Dosis.

Für die lokale Behandlung kann man *Conjunktisan-A-Augentropfen*® versuchen, die allerdings mindestens 2× täglich 3 Monate lang eingeträufelt werden müssen.

Erkrankungen von Mundhöhle und Rachen

Die Erkrankungen von Mundhöhle und Rachen beim Hund kommen vor im Rahmen einer Infektion, und zwar sowohl bei sogenannten »Erkältungen«, die wir bei Welpen häufiger finden, als auch begleitend bei Virusinfektionen, z.B. der Parvovirose.

Daneben sind Verletzungen durch Knochensplitter, Holzsplitter oder -stücke, scharfkantige Gegenstände, wie Steine, Metall usw., relativ häufig.

Nicht zu vergessen sind Verätzungen der Mundhöhle, wenn die Hunde an chemischen Substanzen, wie z.B. Reinigungsmitteln, Säuren, Baustoffen usw., lecken.

Zahnstein kann zu Entzündungen und Geschwüren in der Mundhöhle führen. Eine homöopathische Therapie wird allerdings erst dann sinnvoll, wenn die Beläge möglichst mit einem Ultraschallgerät entfernt und lose oder verfaulte Zähne gezogen wurden.

Man unterscheidet die Entzündung des Zahnfleisches (Gingivitis), der Rachenmandeln (Tonsillitis), des Rachens (Pharyngitis), der Halslymphknoten (Lymphadenitis) und der Zunge (Glossitis).

Für die Behandlung mit homöopathischen Arzneimitteln sind Art und Aussehen der Symptome ausschlaggebend für die Arzneimittelwahl. Ob diese Veränderungen dann im Zahnfleisch, auf der Zunge oder im Rachen sind oder die gesamte Mundhöhle und den Rachen umfassen, ist weniger von Bedeutung.

Bei Fieber und Inappetenz gibt man zunächst ein sogenanntes Infektions- und Fiebermittel nach den jeweiligen Symptomen. Zusätzlich oder anschließend setzt man die Mittel ein, die den lokalen Veränderungen entsprechen.

Entzündung und Verätzung von Zahnfleisch (Gingivitis), Zunge (Glossitis) und Rachen (Pharyngitis)

Man erkennt Entzündungen und Verätzungen der Mundhöhle an der äußerst vorsichtigen Futteraufnahme der Hunde, am vermehrten Speichelfluß und einem mehr oder weniger deutlichen Geruch aus dem Fang. Steckt ein Fremdkörper zwischen den Zähnen oder in der Mundhöhle, so haben die Tiere auch einen vermehrten Speichelfluß, sind jedoch sehr unruhig, würgen, husten, kauen oder wischen mit den Pfoten.

Entzündungen wie auch Verätzungen können zur Rötung, Bläschenbildung oder Schwellung führen.

Folgende homöopathische Arzneimittel haben sich bewährt:

Mercurius solubilis

Bei Rötung und Bildung von roten Geschwüren, die sehr berührungsempfindlich sind und einen eigenartigen, widerlichen Geruch aus dem Fang hervorrufen, gibt man *Mercurius solubilis Hahnemannii*. Es bilden sich mitunter auch weißliche Beläge auf den Geschwüren (Ulcera), besonders, wenn sie durch Verätzungen entstanden sind. *Mercurius solubilis* eignet sich ebenso wie das anschließend erwähnte *Borax* zur Nachbehandlung der chronischen Gingivitis, wenn der verursachende Zahnstein entfernt wurde. Geruch und Schmerzen verschwinden in wenigen Tagen, die Hunde können wieder Futter aufnehmen.

Dosierung: *Mercurius solubilis D8,* 2× täglich 1 Dosis.

Borax

Bei kleinen, ebenfalls schmerzhaften, aber nicht so stark riechenden Geschwüren hat sich *Borax*, Natriumtetraborat, das Natriumsalz der Borsäure, bewährt. Man kann es im Anschluß an *Mercurius solubilis* oder auch mit diesem kombiniert geben.

Dosierung: *Borax D3*, 2× täglich 1 Dosis.

Kreosotum

Handelt es sich um ganz tiefgreifende, über große Flächen ausgedehnte, widerlich stinkende Geschwüre, so kann man *Kreosotum*, den Buchenholzkreosot, versuchen. Meist liegt dann aber eine schwere organische Erkrankung wie z.B. beginnendes Nierenversagen vor, so daß

43

Entzündung der Mandeln (Tonsillitis) und der Halslymphknoten (Lymphadenitis)

Die Entzündung von Mandeln, Rachen und Halslymphknoten kommt als selbständige Erkrankung meist bei Welpen und jungen Hunden vor. Wenn sie im Herbst oder Winter aufwachsen oder im nassen Gras umherlaufen und im Regen zwangsläufig einmal naß werden, »erkälten« sie sich. Die Erkrankung kann sogar mit Fieber verlaufen. Dann muß zunächst eines der Infektions- und Fiebermittel, wie z.B. *Lachesis, Belladonna* oder *Ferrum phosphoricum,* zur Anwendung kommen. Man erkennt die Erkrankung an der schlechten Futteraufnahme, manchmal kann man den Hunden sogar Schluckbeschwerden ansehen. Die Halslymphknoten am Unterkieferwinkel sind vergrößert (s. Abb. 14).

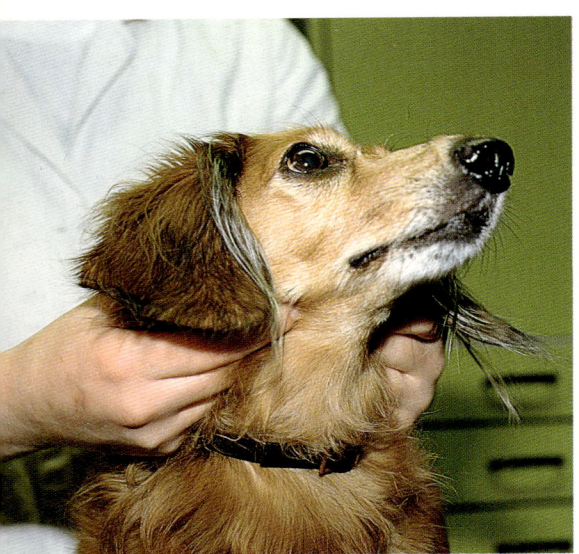

Abb. 14. Ertasten der Halslymphknoten am Unterkieferwinkel. Bei schmerzhafter Vergrößerung, besonders links: Lachesis (Langhaardackel; Foto: Rakow)

Kehrt die Erkrankung immer wieder, so besteht eine Schwäche der Abwehrkräfte. Häufig haben diese Hunde noch Würmer und sollten daraufhin untersucht und gegebenenfalls behandelt werden.
Folgende Arzneimittel haben sich bewährt:

Bei schmerzhafter Vergrößerung der Lymphdrüsen, besonders links, und eher dunkelroter oder bläulich-roter Verfärbung der Mandeln, mit Fieber und schlechter oder keiner Futteraufnahme, gibt man *Lachesis D8, 2× täglich 1 Dosis.*
Die Tiere sind besonders am Morgen oder nach Ruhephasen sehr schlapp.

Treten die Tonsillen (Mandeln) rechts und links im Rachen hellrot, glasig (ödematös) hervor, so gibt man *Apis D4, 2× täglich 1 Dosis.*
Meist sind dann auch oben am Gaumen kleine Bläschen zu erkennen. Diese Entzündungsform

die Behandlung der Entzündung der Mundhöhle nicht ausreichend ist.
Dosierung: *Kreosotum D4, 2–3× täglich 1 Dosis.*

Apis

Mitunter beobachten wir eine andere Entzündungsform in der Mundhöhle: Das Zahnfleisch ist mehr hellrot und deutlich verdickt. Es können sich auch kleine Bläschen gebildet haben. Die Veränderungen sind sehr schmerz- und berührungsempfindlich. Im Gegensatz zu den vorher beschriebenen, geschwürigen Veränderungen werden hier kalte Spülungen geduldet. Bei solchen Veränderungen gibt man *Apis*, das aus *Apis mellifica*, der Honigbiene, hergestellt wird.
Dosierung: *Apis D4, 2–3× täglich 1 Dosis.*

ist sehr schmerzhaft, die Hunde lassen sich zur Untersuchung nur ungern den Fang öffnen.

Sind die Mandeln stark gerötet und verdickt und im Rachen kleine Geschwüre mit Belägen zu sehen, besteht eigenartiger Geruch aus dem Fang, so gibt man Mercurius solubilis D8, 2× täglich 1 Dosis. Mercurius läßt sich auch gut mit Lachesis kombinieren bzw. im Anschluß an Lachesis geben. Die gleichzeitige Verabreichung von Mercurius und Apis ist zu vermeiden, da die beiden Mittel sich in ihrer Wirkungsweise entgegenstehen.

Sind die Symptome im Rachen nicht so deutlich, aber die Halslymphknoten stark vergrößert und schmerzhaft, so hat sich Phytolacca bewährt. Phytolacca decandra, die Kermesbeere, ist eine aus Nordamerika stammende Pflanze. Sie wird in der Homöopathie bei allen Entzündungen und schmerzhaften Schwellungen von Drüsengewebe, z.B. auch am Gesäuge, mit großem Erfolg angewandt. Schwellung und Schmerzhaftigkeit verschwinden sehr schnell. Dosierung: Phytolacca D3 oder D6, 2× täglich 1 Dosis.

Kehren Tonsillitis und Lymphadenitis immer wieder, so kommt man mit der Betrachtung der lokalen Veränderungen allein nicht aus. Neben der Beseitigung eines etwa bestehenden Wurmbefalls ist eine Stärkung der Abwehrkräfte erforderlich. Es kommen Mittel in Frage, auf die im Kapitel »Welpenmittel« noch näher eingegangen wird. Das wichtigste sogenannte Konstitutionsmittel für unsere Welpen mit diesen Erkrankungen ist Calcium carbonicum Hahnemannii. Man gibt das Mittel als Calcium carbonicum D12, 1× täglich 1 Dosis oder auch einleitend oder abschließend eine Einzeldosis Calcium carbonicum D30.

Erkrankungen von Bronchien und Lunge

Die Erkrankungen von Luftröhre (Trachea), Bronchien oder der Lunge äußern sich in einer mehr oder weniger deutlich ausgeprägten Veränderung der Atmung: Es kann einfach eine Erhöhung der Atemfrequenz vorliegen (physiolog. Wert: 10–30 Atemzüge pro Minute), man kann rasselnde, schniefende oder reibende Atemgeräusche, trockenen, rasselnden, anfallsweisen, ständigen Husten bei Bewegung oder in Ruhe hören. Alle Atemwegserkrankungen können ernsthafte Erkrankungen sein oder werden und sollten daher zunächst tierärztlich abgeklärt und untersucht werden.
Die Ursache für eine Erkrankung im Brustraum kann so verschiedenartig sein wie die Symptome, die dabei auftreten. Am häufigsten ist die entzündliche Erkrankung der Bronchien nach Unterkühlung, Durchnässung usw. Sie kann mit oder ohne Fieber, mit oder ohne Störung der Futteraufnahme verlaufen. Sie kann auch begleitend bei einer Virusinfektion auftreten, wie bei der heute eher seltenen Staupe. Sind nicht nur die Bronchien, sondern auch das Lungengewebe selbst betroffen, so liegt eine Lungenentzündung (Pneumonie) vor; bei Schmerzhaftigkeit des Zwischenrippengewebes haben wir meist eine begleitende Brustfellentzündung (Pleuritis). Atembeschwerden, Atemnot und Rasseln sind Zeichen einer Sekretansammlung im Brustraum. Diese kann aber nicht nur entzündlich sein, sondern auch andere Ursachen haben:
Blutiges Sekret oder blutige Flüssigkeit in der Lunge entstehen z.B. nach Unfällen, wenn es durch den Aufprall und das stumpfe Trauma zu Gefäßzerreißungen und Blutungen im Brustraum kommt. Dabei können lebensbedrohli-

che Zustände entstehen. Schwere Atmung und blasse oder bläulichblasse Bindehaut und Zahnfleisch können ein Hinweis für eine solche »innere« Blutung sein.

Zu Blutungen im Brustraum kommt es aber auch bei Vergiftungen mit Rattengift, das den Wirkstoff »Dicumarol« enthält. Diese Substanz hemmt die Blutgerinnung und führt daher zu inneren Blutungen, die sich allmählich innerhalb von 2–5 Tagen entwickeln und daher schwer zu erkennen sind. Oft fällt nur die Schlappheit und schwere Atmung der Tiere auf, die äußerst empfindlich auf den Wirkstoff reagieren, wenn er in einer größeren Menge direkt aufgenommen wird. Bei Aufnahme einer vergifteten Maus kann es nicht zur Vergiftung kommen, weil die in der Maus vorhandene Giftmenge noch toleriert wird.

Husten und Atemnot können aber auch Anzeichen einer Erkrankung von Herz und Kreislauf bzw. von Herz und Niere sein. Durch behinderte oder mangelhafte Durchblutung und Rückstau kommt es zu einer Unterversorgung der Lunge und damit zur Flüssigkeitsansammlung, dem Lungenödem. Auch bei Nierenstörungen kann es zum Erguß kommen.

Der sogenannte »Herzhusten« älterer Hunde hat seine Ursache, wie der Name sagt, in einer Störung der Herzfunktion. Er ist trocken, bellend, oft auch würgend und tritt anfallsweise auf, als hätte der Hund einen Fremdkörper im Hals stecken.

Weitere Ursachen für Atemwegserkrankungen können echte Fremdkörper sein, die in Luftröhre oder Bronchien stecken, z.B. auch eingeatmete Futterteile, die bei zwangsweiser Ernährung der Hunde in die Atemwege geraten können.

Nicht zuletzt muß man auch an Tumore im Brustraum denken, die als Metastasen, z.B. bei Gesäugeneubildungen, auftreten können.

Die genannten Ursachen sollten vor Behandlungsbeginn unbedingt durch einen Tierarzt abgeklärt werden. Die nachstehend beschriebenen Hustenmittel sind in erster Linie für die Behandlung der Bronchitis und Bronchopneumonie geeignet. Sie können bei Übereinstimmung der Symptome unterstützend auch bei anderer Krankheitsursache eingesetzt werden und die Ausheilung fördern. Die Behandlung einer Vergiftung oder einer Herzerkrankung erfordert aber selbstverständlich besondere Maßnahmen.

Bei fieberhaftem Verlauf oder gestörter Futteraufnahme kommt zunächst das passende Infektions- und Fiebermittel zur Anwendung. Dann wählt oder kombiniert man je nach Symptomen das oder die passenden sogenannten »Hustenmittel«.

Hustenmittel

Drosera

Drosera rotundifolia, der Sonnentau, ist angezeigt bei krampfhaftem, anfallsweisem, besonders auch nachts auftretendem Husten mit Rasseln und Sekretauswurf. Die Hunde erscheinen verschleimt.

Dosierung: *Drosera D3,* 2–3✕ täglich 1 Dosis.

Ipecacuanha

Ipecacuanha, die Brechwurzel, eine aus Brasilien stammende Pflanze, gibt man bei starken Rasselgeräuschen, quälendem, langdauerndem Hustenreiz, der bis zum Erbrechen gehen kann oder zumindest Brechreiz auslöst.

Dosierung: *Ipecacuanha D6,* 2–4✕ täglich 1 Dosis.

Cuprum aceticum

Cuprum aceticum, das Kupferacetat, hat sich bewährt bei trockenem, krampfartigem, quälen-

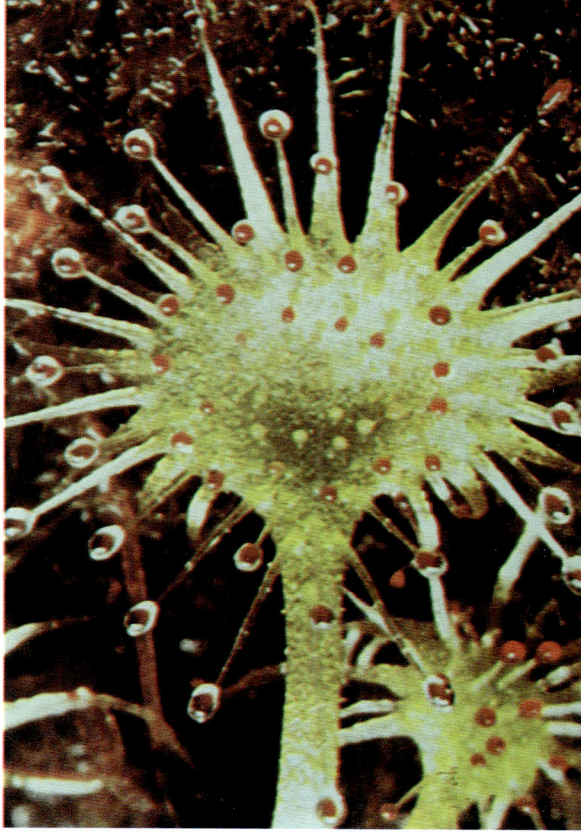

Abb. 15. Drosera rotundifolia, der Sonnentau, bei Bronchitis mit krampfhaftem, anfallsweisem Husten und Rasseln (Foto: DHU)

dem Husten, der sich nicht lösen will. Auffallend ist, daß die Hunde beim Husten den Kopf nach vorn und unten strecken.
Dosierung: *Cuprum aceticum D4* oder *D6*, 2–3× täglich 1 Dosis.

Die 3 bisher beschriebenen Mittel eignen sich besonders für die Behandlung der Bronchitis von Welpen oder jüngeren Tieren. Eine Kombination dieser 3 Mittel enthält das Handelspräparat *Viropect*® in Pulverform. Man gibt davon jeweils 1 Löffelspitze, eben die Menge, die ungefähr einer Tablette entspricht, direkt in die Lefzentasche oder läßt das Pulver von der Hand lecken oder löst es auf. Zu Beginn der Erkrankung kann es notwendig sein, das Pulver oder auch das Einzelmittel häufiger, ca. 4–5× täglich, evtl. auch nachts zu geben.
Bei homöopathischer Behandlung einer Bronchitis wird ja nicht einfach der Hustenreiz gedämpft oder unterbunden bzw. blockiert, sondern die Lösung des Sekretes und die Abheilung der Schleimhäute gefördert, und damit hört der Hustenreiz auf.
Homöopathische Hustenmittel wirken daher manchmal nicht ganz so schnell wie codeinhaltige Medikamente; es kommt nicht zum absoluten Aussetzen des Hustenreizes für die Wirkungsdauer des Medikamentes. Homöopathisch steht die Ausheilung des Gewebes und der Erkrankung im Vordergrund. Sie haben keine Nebenwirkungen, man kann sie bei Bedarf gefahrlos öfter, sogar alle 2 Stunden oder stündlich, geben. Homöopathika haben den Vorteil, daß bei einmal eingetretener Besserung diese in der Regel auch stabil bleibt und die Gefahr des Wiederauftretens nach wenigen Tagen oder nach Absetzen des Arzneimittels kaum besteht.

Bryonia

Bryonia dioica, die Rotbeerige Zaunrübe oder Teufelsrübe, eine auch bei uns und in Amerika heimische Pflanze, hat sich bei trockenem Reizhusten bewährt, der morgens besonders schlimm ist. Fast immer liegt gleichzeitig eine Brustfellentzündung (Pleuritis) vor, die an der Schmerzhaftigkeit der Zwischenrippenräume zu erkennen ist. Die Tiere vermeiden jede Bewegung und wollen auch nicht berührt werden aus Angst vor dem Schmerz. Sie können äußerst aggressiv reagieren. Sie haben auffallend viel Durst. Das Mittel paßt für fieberhafte Verlaufsformen und läßt sich gut mit *Beiladonna* und

Abb. 16. Bryonia dioica, Rotbeerige Zaunrübe oder Teufelsrübe, bei akuten Erkrankungen mit hochgradiger Schmerzhaftigkeit und Verschlimmerung durch jede Berührung (Foto: DHU)

auch mit *Phosphor* kombinieren. *Bryonia* eignet sich z.B. auch zur Nachbehandlung von sehr schmerzhaften Prellungen im Brustraum nach Unfällen.
Dosierung: *Bryonia D4,* 2–4✕ täglich 1 Dosis.

Phosphorus

Phosphorus, der gelbe Phosphor, ist angezeigt bei eher trockenem Husten, der in kalter Luft, bei Aufregung sowie abends und nachts schlimmer ist. Das Mittel spricht besonders gut an bei Tieren, die dem »Phosphortyp« entsprechen: Sie sind eher zierlich, zartgliedrig, dabei äußerst lebhaft, temperamentvoll und sensibel gegen alle äußeren Einflüsse wie Licht, Gerüche und vor allem Geräusche. Sie neigen auch zu Erbrechen und Verdauungsstörungen.
Dosierung: *Phosphor D6* oder *D8,* 2–3✕ täglich 5–8 Tropfen Dilution (*Phosphor* gibt es nur als Dilution!).
Bewährt hat sich bei *Phosphor* auch die *D30,* 1✕ täglich. *Phosphor* sollte nicht mit *Jodum* oder jodhaltigen Arzneimitteln kombiniert werden!

Kalium jodatum

Kalium jodatum, das Kaliumjodid, gibt man bei hartnäckigem, trockenem Husten, der sich nicht lösen will. Oft besteht kein Husten oder Hustenreiz, aber beim Abhören mit einem Phonendoskop oder Stethoskop lassen sich rauhe Atemgeräusche feststellen.
Kalium jodatum hat sich beim Virushusten, auch dem sogenannten Zwingerhusten der Welpen bewährt, oft zusammen mit *Bryonia* oder *Ammonium jodatum* oder auch zur Nachbehandlung dieser Erkrankung. *Kalium jodatum* ist ein tiefgreifendes homöopathisches Arzneimittel, das festgefahrene Krankheitszustände zur Abheilung bringen kann und durch den Jodgehalt besonders gut bei Jungtieren wirkt, die eine vergrößerte Schilddrüse haben oder zu ständigen Bronchitiden und Infektionen neigen.
Dosierung: *Kalium jodatum D3,* 1–2✕ täglich 1 Dosis.

Ammonium jodatum

Ammonium jodatum, das Ammoniumjodid, ist angezeigt, wenn die Infektion nicht nur die

Bronchien, sondern auch die feinsten Bronchialaufzweigungen und das Lungengewebe erfaßt hat oder zu erfassen droht. Es bestehen Rasselgeräusche und auch Atemnot, der Schleim sitzt aber fest wie bei *Kalium jodatum*. Während *Kalium jodatum* auch ein Roborans, ein Stärkungsmittel, ist, ist *Ammonium jodatum* mehr das Mittel, das Atemwege freimachen kann. Es läßt sich daher besonders gut mit *Bryonia* kombinieren und eignet sich auch für schwere Krankheitszustände.

Lungenödem

Für die Behandlung des akuten und chronischen Lungenödems sind homöopathische Arzneimittel notwendig, die sowohl in der Lunge als vor allem auch an Herz und Niere ihre Hauptwirkung entfalten. Sie werden daher gesondert bei den Herzmitteln behandelt.

Das *akute Lungenödem* ist ein lebensbedrohlicher Krankheitszustand, der sich, besonders bei heißem, schwülem Wetter, aber auch bei dauerndem Wetterwechsel, innerhalb von Stunden entwickeln kann. Die Behandlung gehört in die Hand eines erfahrenen Homöopathen, da eine Überwachung des Krankheitszustandes notwendig ist.

Beim *chronischen Lungenödem* ist selten Husten oder Hustenreiz zu beobachten. Meist fällt eine erschwerte Atmung, ein »Schnaufen« beim Spazierengehen auf, wenn die Tiere nicht mehr weiter wollen. Sehr häufig liegt eine Kombination von Übergewicht, Herz- und Nierenüberlastung oder -störung mit folgender Ödembildung in der Lunge vor. Strikte Reduzierung des Futters ist Grundvoraussetzung für eine Besserung des Zustandes. Trinkt der Hund viel oder liegen veränderte Harnwerte vor, so empfiehlt sich eines der Nierenmittel, z.B. *Berberis*, in Kombination mit einem passenden Herzmittel.

Sehr häufig paßt für diese Hunde *Kalium carbonicum*, das stärkend auf Herz-Kreislauf und Niere wirkt und damit die Ödembildung reduziert. Die Hunde haben einen dicken, massigen Leib und dazu relativ dünne Beine.
Dosierung: *Kalium carbonicum D4*, 2× täglich 1 Dosis.
Besteht Husten oder Hustenreiz, so kann zusätzlich ein passendes »Hustenmittel« gegeben werden, das dann sehr häufig *Kalium jodatum D3* ist.

Chronisches »Hüsteln«

Das sogenannte »Hüsteln« meist kleinerer Hunde ist eine Sonderform der Bronchitis, der Luftröhrenentzündung (Tracheitis) bzw. der Kehlkopfentzündung (Laryngitis). Die Tiere haben einen ständigen oder zeitweise auftretenden Hustenreiz, ein »Räuspern« wie durch Fremdkörper, jedoch ohne entsprechenden klinischen Befund.

Tritt dieses Hüsteln hauptsächlich bei Erregung oder Aufregung auf, bei sehr nervösen Tieren, so kann man *Spongia D30*, 1× täglich 1 Dosis über längere Zeit geben. *Spongia* wird aus dem Badeschwamm hergestellt und ist jodhaltig. Tatsächlich haben diese Tiere oft eine vergrößerte Schilddrüse.

Bei sehr schlanken, quirligen Tieren, die dem »Phosphortyp« entsprechen, kann man es mit *Phosphor D30*, 1× täglich 1 Dosis versuchen. Auch hier tritt das Hüsteln in erster Linie bei Aufregung oder Angst und im Freien auf.

Scheint eine gewisse Heiserkeit mit dem Hüsteln verbunden zu sein, bei weniger temperamentvollen Tieren, so gibt man *Causticum D30*, 1× täglich 1 Dosis.

Bei krampfartigen »asthmaähnlichen« Anfällen kann man es mit *Cuprum aceticum D30*, 1× täglich 1 Dosis, versuchen.

Erkrankungen von Magen und Darm

Erkrankungen von Magen und Darm kommen beim Hund häufig vor. Sie gehen mit sehr auffälligen Krankheitssymptomen einher, wie Verweigerung der Futteraufnahme, Erbrechen, Durchfall oder Verstopfung.
Ursache für diese Erkrankung ist in vielen Fällen die Aufnahme von falscher, d. h. unverdaulicher, verdorbener oder unverträglicher Nahrung, von zuviel oder falsch zusammengesetzter Nahrung, von Giftstoffen verschiedenster Art. Infektionen mit Bakterien, Viren oder Pilzen, Würmern oder Darmparasiten können ebenfalls Ursache der Erkrankung sein.
Die Aufnahme von den Darm verschließenden oder sich einspießenden Fremdkörpern ruft akute Verdauungsstörungen hervor, ebenso die Magendrehung, die innerhalb von wenigen Stunden zu starkem und stärkstem Aufblähen mit Würgen und Kreislaufversagen führt, oder die Darmverlagerung, Darmverschlingung, Darmeinstülpung, die zu kolikartigen Schmerzen mit Brechreiz und plötzlicher, bedrohlicher Verschlechterung des Allgemeinzustandes führen und natürlich nur operativ behandelt werden können.
Sehr häufig liegt die Erkrankungsursache auch außerhalb von Magen und Darm, z. B. in Leber, Niere oder Bauchspeicheldrüse.
Unfälle, Biß- und Schußverletzungen können, wenn sie die Bauchhöhle betreffen, ebenfalls zu Erbrechen führen. Schockzustände bei Hitzschlag, wenn Hunde im Sommer im überhitzten Auto sitzen oder sich überanstrengen, können zu starkem Erbrechen und Durchfall führen.
Die Behandlung dieser letztgenannten Erkrankungen gehört natürlich in die Hand eines Tierarztes. Gleiches gilt, wenn Erbrechen oder Durchfall länger als einen Tag anhalten oder mit großer Schwäche, Fieber o. ä. einhergehen.
Auch für die homöopathische Behandlung von Verdauungsstörungen gilt, daß sie nur erfolgreich sein kann, wenn die entsprechende Diät eingehalten wird. Dies ist im Einzelfall nicht immer leicht durchführbar, da kranke Hunde recht eigenwillig bei der Futteraufnahme sein können. Im Zweifelsfall sollte man sich immer an die Regel halten, daß bei Verweigerung der Diät das Hungern wesentlich besser ist als die Aufnahme irgendeines Futters, das nur weiter zu Erbrechen oder Durchfall führt.

Einige Anmerkungen zur Diät:

Ein mindestens 12stündiges Hungern und bei Erbrechen auch der Entzug der Flüssigkeit für einige Stunden sind die wichtigsten Voraussetzungen, um eine geschädigte Magen- oder Darmschleimhaut zur Abheilung zu bringen. Leider besteht häufig die Meinung, daß ein Hund, der erbrochen hat, unbedingt sofort wieder fressen müsse. Dem gereizten Magen bleibt dann keine andere Möglichkeit, als wieder mit Erbrechen zu reagieren. Viele Hunde haben nach Erbrechen oder Durchfall großen Durst und auch tatsächlich einen Flüssigkeitsbedarf. Nehmen sie jedoch einen ganzen Napf voll Wasser auf einmal auf, so ist die Menge so groß, daß der geschädigte Magen wieder nur mit Erbrechen reagieren kann.
Hier muß der Mensch regulierend eingreifen und die zur Verfügung stehende Flüssigkeitsmenge entsprechend rationieren. Man gibt lieber öfter kleine Mengen, die dann besser vertragen werden.
Bei jedem Erbrechen und Durchfall besteht ein Elektrolytverlust. Man sollte daher bei der Diät immer eine Prise Salz zusetzen. Bewährt hat sich beim Hund die Gabe von verdünntem Kamillentee oder schwarzem Tee, jeweils auch mit einer Prise Salz.

Als Nahrung kann man beginnen mit Haferschleim (mit Wasser gekocht), einer Prise Salz und ganz wenig Hackfleisch oder Dosenfutter, nur um Geruch und Geschmack etwas zu verbessern. Statt Haferschleim kann man auch gekochten Reis oder Reisschleim nehmen.

Daneben kann man Karottensaft oder Karotten-Baby-Gemüse, überhaupt Baby-Gemüse-Gläschen anbieten oder zerdrückte Banane. Letzteres ist vor allem für Welpen und Junghunde geeignet.

Der Zusatz von *Luvo's Heilerde* (innerlich) hat sich ebenfalls sehr bewährt. Man gibt einem 10 kg schweren Hund 2–3× täglich einen flach gehäuften Teelöffel mit ins Futter. Bei länger bestehendem Durchfall oder breiigem Kot kann die Heilerde auch 2–3 Wochen lang dem Futter zugesetzt werden, um die Darmtätigkeit zu regulieren und die Regeneration der Darmflora zu unterstützen.

Auch die erhältlichen Diätfutter für Hunde sind recht brauchbar.

Zu vermeiden sind:
- Knochen, die zwar stopfen, aber von einem geschädigten Darm nicht vertragen werden und daher erst recht zu Blähungen und wieder Durchfall oder Erbrechen führen.
- Trockenfutter, weil es ebenfalls nur verdaulich ist für einen vollkommen intakten Darm.
- Eier und Fleisch, weil sie durch den hohen Eiweißanteil schwer verdaulich sind und die Niere belasten könnten.
- Traubenzucker ist zwar leicht verdaulich, fördert aber bei vielen Hunden Erbrechen und Durchfall.
- Milch und Innereien machen meist sowieso einen eher weichen Stuhl, sind daher als Diätfutter nicht geeignet.

Bei Besserung kann man dann allmählich auf das gewohnte Futter übergehen, wobei man zunächst Haferflocken oder Reis mit Fleisch oder Dosenfutter in steigendem Anteil mischen sollte.

Zur Regeneration der Darmflora kann man bei eingetretener Besserung täglich 1 Teelöffel Joghurt (ohne Früchte) mit *lebenden* Keimen geben, um Milchsäurebakterien zuzusetzen. Die Gabe von einem Stück Harzer Käse oder Romadour liefert die für die Darmflora des Hundes wichtigen Fäulnisbakterien.

Im Zweifelsfall gilt, wie oben schon erwähnt: lieber einen Tag länger hungern lassen, lieber einen Tag länger bei der Diät bleiben, als vorzeitig Magen und Darm zu überlasten und einen Rückfall zu riskieren.

Ein gut genährter Hund kann bei ausreichender Flüssigkeitsaufnahme mehrere Tage ohne Nahrung auskommen.

Flüssignahrung und Elektrolytgemische machen die Behandlung unabhängig von der Futteraufnahme und verkürzen damit die Krankheitsdauer.

Für kritische Fälle ist die Infusionstherapie (künstliche Ernährung) beim Hund so weit entwickelt, daß sie ohne Probleme in einer Kleintierpraxis durchgeführt werden kann. Die lebensbedrohende Exsikkose (Austrocknung) kann daher wirksam vermieden bzw. behandelt werden.

Es werden im folgenden nur solche homöopathischen Arzneimittel genannt und beschrieben, deren Anwendung relativ leicht zu erkennen ist. Sie sind als einleitende und unterstützende Behandlung gut einzusetzen. Bei einfachen Verdauungsstörungen, wie sie durch die Aufnahme von falscher oder nicht geeigneter Nahrung wie oben beschrieben entstehen, reichen Diät und das richtig gewählte homöopathische Arzneimittel meist aus.

Homöopathische Arzneimittel lösen Krampfzustände in Magen und Darm, bewirken den Abgang von Blähungen und vergorenem Darminhalt und befreien dadurch den Hund von seinen Schmerzen. Viele Mittel wirken zudem günstig auf Leber und Niere und unterstützen damit die Ausscheidung. Sie fördern die Abheilung und Regeneration der Darmschleimhaut und führen damit zur Wiederherstellung der Funktion.

Erbrechen und Durchfall

Nux vomica

Nux vomica, die Brechnuß, ist das wichtigste Mittel für Verdauungsstörungen, Erbrechen, Durchfall, Blähungen nach Aufnahme von zuviel Futter, nicht artgerechtem Futter (Kuchen, Süßigkeiten, Wurst, Braten, Soße usw.), unverdaulichem Futter (Wollfasern, Holz, Knochen, die nicht gekaut wurden usw.), falsch zusammengesetzter Nahrung (zuviel Fett, zuviel Gewürz, zuviel Kohlenhydrate usw.).
Die Hunde gehen mit aufgekrümmtem Rücken umher, der Bauch ist hart und gespannt, gebläht, manchmal hört man Darmgeräusche. Sie lassen sich ungern am Bauch anfassen. Geht die Erkrankung mit Durchfall einher, so besteht häufiger Kotdrang: Sie wollen ständig hinaus, setzen sich zum Kotabsatz, es kommt aber nichts oder nur ein kleiner Klecks eines dünnbreiigen, stinkenden Kotes, der sowohl hell als auch dunkel sein kann.
Nux vomica, die Brechnuß, löst die Krampfzustände (Spasmen), die zu Erbrechen, Blähungen und Kotdrang führen, und behebt daher schnell die Bauchschmerzen des Hundes. *Nux vomica* hat zudem eine günstige Wirkung auf die Leberfunktion und fördert auf diesem Weg die Entgiftung und die Gallesekretion. Das Mittel eignet sich deshalb auch zur zusätzlichen Behandlung bei allen Vergiftungen, die mit einer Leberstörung einhergehen.
Dosierung: Zunächst alle 30 bis 60 Minuten, sonst 2–4× täglich 1 Tablette oder 5–8 Tropfen Dilution, möglichst direkt in die Lefzenschleimhaut.
Eine Besserung sollte schon nach wenigen Stunden eintreten!

Ipecacuanha

Ipecacuanha, die Brechwurzel, ist, wie der Name schon sagt, ein Mittel für Erkrankungen, die mit Erbrechen und Brechreiz einhergehen. Die für *Ipecacuanha* passenden Symptome entsprechen der Magenschleimhautentzündung (Gastritis) und sind daher längst nicht so umfassend wie die von *Nux vomica.*
Immer wiederkehrendes oder ständiges Erbrechen beim Hund ist ein sehr ernst zu nehmendes Symptom. Es kann sich nämlich um ein sogenanntes hypochlorämisches, d.h. durch Salzmangel hervorgerufenes, oder um ein urämisches, durch Nierenversagen hervorgerufenes Erbrechen handeln. Beide Erkrankungsformen sind nur mit intensiver tierärztlicher Therapie und nur durch Injektionen bzw. Infusionen zu beeinflussen. Bei gleichzeitig fehlendem Kotabsatz ist zudem an einen Darmverschluß etwa durch einen Fremdkörper zu denken.
Die eigentliche Magenschleimhautentzündung kommt beim Hund nicht so häufig vor.
Dosierung: *Ipecacuanha D6,* 2–3× täglich 1 Dosis.

Arsenicum album

Für das Arzneimittelbild von *Arsenicum album* ist der faulig riechende Durchfall, der mit Schwäche und auch Erbrechen einhergeht, charakteristisch.
Die Erkrankung entsteht meist nach Aufnahme

von *verdorbenem* Futter (weggeworfenen Brötchen, verdorbener Wurst, Fleisch, Tierkadavern usw.).
Die Tiere haben viel Durst, trinken aber immer nur kleine Mengen.
Arsenicum album ist nicht nur ein Mittel für den Darm, sondern wirkt gleichzeitig auf Leber und Niere. Man kann es daher auch gut bei oder nach Vergiftungen einsetzen, die zu einer Leber- und Nierenschädigung geführt haben, bei dem beschriebenen, faulig riechenden Durchfall.
Dosierung: *Arsenicum album D6* oder *D12*, 2× täglich 1 Dosis für 2–8 Tage.

Veratrum album

Bei *Veratrum album,* der auch bei uns heimischen weißen Nieswurz oder dem Germer, steht die Schwäche nach starkem Erbrechen und großen Mengen eines reiswasserähnlichen Durchfalls im Vordergrund. Die Schwäche ist bedingt durch die Beeinträchtigung des Kreislaufes. Die Schleimhäute sind daher eher blaß, der Puls ist kaum zu fühlen.
Dosierung: *Veratrum album D6,* 2–4× täglich 1 Dosis.

Carbo vegetabilis

Carbo vegetabilis, die Holzkohle, ist ebenfalls ein Mittel für Durchfälle, die mit großer Schwäche und blaßblauen Schleimhäuten einhergehen. Die Hunde stehen kaum noch auf, und der stinkende Kot kann aus dem After einfach auslaufen.
Carbo vegetabilis ist ein Mittel für schwere Erkrankungen, aber auch für hartnäckige Verdauungsstörungen, die mit polternden Darmgeräuschen einhergehen.
Dosierung: *Carbo vegetabilis D8,* 2–3× täglich 1 Dosis.

Podophyllum

Podophyllum peltatum, der Maiapfel oder Entenfuß, ist ein Mittel für sehr wäßrige, helle oder grünliche Durchfälle, die wie Wasser und mit vielen Blähungen aus dem After schießen. Es sind viele Darmgeräusche zu hören, der Bauch ist stark gebläht. *Podophyllum* ist oft am Anfang der Erkrankung im ersten akuten Stadium eines Durchfalls angezeigt. Manchmal müssen andere Mittel (z.B. *Nux vomica*) folgen.
Dosierung: *Podophyllum peltatum D6,* 2–4× täglich 1 Dosis.

Mercurius solubilis

Mercurius solubilis ist das Mittel für Durchfälle, die mit starker Schleimhautschädigung einhergehen. Der After ist hochrot entzündet, der Durchfall wäßrig, schleimig und kann hellrotes Blut enthalten.
Dosierung: *Mercurius solubilis D6* oder *D8*, 2–3× täglich 1 Dosis.

Magnesium phosphoricum

Magnesium phosphoricum, das Magnesiumphosphat, hat wie *Mercurius solubilis* einen wäßrigen, wundmachenden, immer wiederkehrenden Durchfall im Arzneimittelbild. Es eignet sich besonders für Welpen und Junghunde.
Der Durchfall ist schaumig und riecht säuerlich. Die Hunde sind unruhig, nervös und zappelig. Sie vertragen ihr Futter nicht, es kommt zu Fehlgärungen, sie haben meist noch Würmer.
Dosierung: *Magnesium phosphoricum D8,* 2–3× täglich 1 Dosis.

China

Cinchona succirubra, der Chinarindenbaum, ist ein Arzneimittel für immer wiederkehrenden (rezidivierenden) Durchfall mit Blähungen. Man gibt *China* zur Nachbehandlung nach

schweren Durchfällen, wenn die Hunde sich nicht recht erholen wollen. Es hat sich bei der Nachbehandlung des Kokzidienbefalls und der Parvovirose bewährt.
Dosierung: *China D6,* 2× täglich 1 Dosis für 5–10 Tage.

Parvovirose

Die Parvovirose, auch Katzenseuche der Hunde genannt (weil das Virus mit dem die Katzenseuche hervorrufenden Virus verwandt ist, die Erkrankung ist jedoch *nicht* von der Katze auf den Hund übertragbar), ist eine in den letzten Jahren aufgetretene, mit Erbrechen und Durchfall einhergehende, schwere Virusinfektion. Sie führt bei nicht geimpften Hunden und vor allem bei Welpen oft sehr schnell zum Tod infolge Schädigung des Herzmuskels und Exsikkose (Austrocknung). Es hat sich gezeigt, daß nur eine frühzeitige Infusionstherapie und das Verhindern jeglicher Nahrungs- und Flüssigkeitsaufnahme für mindestens 2–3 Tage Erfolg bringen kann. Die im folgenden genannten homöopathischen Arzneimittel können unterstützend eingesetzt werden, wenn das Erbrechen aufgehört hat. Sie fördern die Regeneration der Darmschleimhaut, stärken das Allgemeinbefinden und somit die Abwehrkräfte.
Entsprechend der beim Durchfall beschriebenen Symptome kommen folgende Mittel in Frage:
Carbo vegetabilis und Veratrum album: bei Schwäche, Blässe, Cyanose.
Arsenicum album: bei Schwäche, dunklem, faulig riechendem Kot.
Mercurius solubilis: bei blutig-schleimigem Kot.
China D6 zur Nachbehandlung (Folge von Säfteverlust mit Schwäche und Blähungen).

Verstopfung

Die Darmverstopfung wird beim Hund meist hervorgerufen durch die Aufnahme von zuviel oder nicht ausreichend gekauten Knochen. Besonders bei älteren Rüden kann der Darm die Knochen nicht mehr aufschließen (verdauen), und es kommt zur Anschoppung eines oft steinharten Kotes.
Manchmal hilft die Verabreichung von Nahrung, die darmtreibend (laxierend) wirkt, z.B. Milch, auch Dosenmilch, rohe Leber, rohe Milz oder Speiseöl.
Besteht gleichzeitig Verstopfung und Erbrechen, so muß man an einen Darmverschluß durch einen Fremdkörper, an Darmverschlingung o.ä. denken. Diese Krankheitsformen gehören zur Abklärung in tierärztliche Hand.
Für die homöopathische Regulation der Darmmotorik bei Verstopfung haben sich 2 homöopathische Arzneimittel bewährt:

Nux vomica

Nux vomica, die Brechnuß, ist auch ein Mittel bei Verstopfung: Die Hunde gehen mit stark aufgekrümmtem Rücken umher, haben ständigen Kotdrang, drücken, es kommt jedoch kein Kot. Der Darm hat sich um den harten Kot verkrampft. Es bestehen also die für *Nux vomica* typischen Spasmen mit Schmerzen, hartem Bauch und Blähungen, die von der Behandlung des Durchfalls bekannt sind. *Nux vomica* wirkt auch hier krampflösend, Blähungen gehen ab, die Schmerzen lassen nach. Durch die Anregung von Leberfunktion und Gallesekretion wird die Verdauung gefördert. Der angestaute Kot geht ab.
Dosierung: *Nux vomica D6,* stündlich 1 Dosis bis zum Kotabsatz, danach 2× täglich 1 Dosis für ca. 3 Tage zur Stabilisierung der gestörten Darmfunktion und Darmmotorik.

Plumbum aceticum

Bei *Plumbum aceticum*, dem Bleiacetat, besteht eine sogenannte schlaffe Lähmung des Darmes *ohne* Kotdrang. Der Bauch ist zwar gespannt und wird kahnförmig eingezogen, der Hund zeigt aber keinen Kotdrang. Der Darm ist schlaff, wie gelähmt.
Dosierung: *Plumbum aceticum D6*, 2–4× täglich 1 Dosis.

Führen die genannten Mittel nicht innerhalb eines Tages zum Erfolg, so muß der Tierarzt aufgesucht werden. Meist ist dann ein Einlauf notwendig.
Für die Nachbehandlung ist zu beachten, daß durch eine Verstopfung der Darm im allgemeinen so geschädigt wird, daß eine Ernährungsumstellung mit Zusatz von viel Haferflocken oder Reis notwendig wird. Knochen und reines Trockenfutter sollten dann überhaupt nicht mehr gegeben werden.

Entzündung und Erweiterung des Enddarms

Die Entzündung oder Erweiterung des Enddarmes können, besonders beim Rüden, ebenfalls zu Kotdrang und Schwierigkeiten beim Kotabsatz führen. Neben einer Ernährungsumstellung auf ballaststoffreiche Nahrung mit Haferflocken, Reis, eingeweichtem Getreideschrot, evtl. auch Weizenkleie- oder Diätölzusatz, haben sich folgende Mittel bewährt:
Mercurius solubilis D6, 2× täglich 1 Dosis, wenn der Kot schleimig oder wie von einer Wursthaut überzogen ist.
Aloe D3, 2× täglich 1 Dosis, wenn der Kotabsatz sehr schmerzhaft ist (Entzündung des Enddarmes).
Sepia D6, 2× täglich 1 Dosis, bei allgemeiner Bindegewebsschwäche, wenn der gesamte Bereich um den After schlaff und überdehnt erscheint.
Bei hochgradigen Veränderungen kann eine operative Therapie notwendig werden.

Erkrankungen der Leber

Erkrankungen der Leber treten beim Hund selten selbständig, meist im Zusammenhang mit Erkrankungen von Magen/Darm oder Niere auf. Vergiftungen aller Art gehen sehr häufig mit Leberstörungen einher. Man erkennt sie nicht ohne weiteres. Hinweise geben der auffallend gelbliche oder orangefarbene Stuhl, der auf eine mangelhafte Gallesekretion hindeutet. Die Tiere zeigen oft verminderten Appetit, neigen zu Erbrechen und sind sehr wählerisch bei der Futteraufnahme.
Lebertumore kommen bei Hunden immer wieder vor und können ebenfalls Ursache für eine Leberstörung sein.
Immer wiederkehrende Fellstörungen, besonders im Bereich zwischen den Schulterblättern, die auf falsche oder einseitige Ernährung zurückgehen, können ein Hinweis für eine Leberfunktionsstörung sein.
Die wichtigsten sogenannten »Lebermittel« beim Hund sind:

Chelidonium

Chelidonium majus, das Schöllkraut, regt die Leberfunktion und insbesondere die Gallesekretion an. Das Mittel hat sich beim Hund bewährt, wenn der Kot nach einer Erkrankung deutlich hell bzw. gelblich ist und das Tier zu Blähungen neigt. Man kann es bei Verdauungsstörungen auch sehr gut mit *Nux vomica* kombinieren.

Dosierung: *Chelidonium D4*, 2× täglich 1 Dosis.

Flor de Piedra

Flor de Piedra, die Steinblüte, wurde erst in neuerer Zeit aus Südamerika eingeführt und in homöopathischer Potenz eingesetzt. Das Mittel hat eine intensive Leber- und auch Nierenwirkung, besonders bei toxischen, d. h. durch Vergiftungen oder Giftstoffe hervorgerufenen Erkrankungen. Man gibt es beim Hund meist kombiniert mit *Arsenicum album* oder *Lycopodium*, auch bei drohendem Nierenversagen.
Dosierung: *Flor de Piedra D3* oder *D4*, 2× täglich 1 Dosis.

Lycopodium

Lycopodium clavatium, der Bärlapp, ist ein sehr tiefgreifendes Leber-, aber auch Nieren- und Darmmittel. Die Tiere sind eher matt, nehmen wenig Futter auf, gehen scheinbar gierig zum Futternapf, riechen – und fressen dann nur ein paar Bissen oder lassen das Futter stehen und nehmen es erst abends oder in der Nacht auf. Sie fressen selten zweimal dasselbe, sind meist sehr schlank und bringen ihre Besitzer mit der ständigen Freßunlust zur Verzweiflung. Dabei neigen sie häufig zu Durchfall und Blähungen, vertragen nichts Fetthaltiges, keine Knochen und überhaupt vieles nicht. Obst und Gemüse nehmen sie schon eher.
Dosierung: *Lycopodium D6* oder *D12*, 2× täglich 1 Dosis.

Arsenicum album

Arsenicum album ist ein ebenfalls tiefgreifendes Mittel, das neben seiner Wirkung auf Darm, Niere und Haut auch die Funktion der Leber anregt. *Arsenicum album* ist ein Mittel für ältere Hunde oder Tiere, die durch eine schwere Krankheit gealtert erscheinen und die bei den Darm- und Nierenerkrankungen beschriebenen Symptome zeigen.
Dosierung: *Arsenicum album D6* oder *D12*, 2× bzw. 1× täglich 1 Dosis.

Erkrankungen der Harnwege

Die Erkrankung von Blase, Nierenbecken und Niere sind beim Hund von großer Bedeutung. Neben der akuten Blasenentzündung (Cystitis) nach Kälte, Durchnässung oder Infektion kommen die subakuten und chronischen Nierenveränderungen beim älteren Hund besonders häufig vor. Sie können nach nicht ausgeheilten Entzündungen, nach Vergiftungen, nach Krankheiten und auch altersbedingt auftreten. Medizinisch unterscheidet man entzündliche und degenerative (funktionsfähiges Gewebe stirbt ab, z. B. durch Fett- oder Bindegewebseinlagerung) Veränderungen der Niere. Symptome und Folgen sind bei beiden Krankheitsformen oft sehr ähnlich oder gehen ineinander über.
Erkrankungen von Niere und/oder Nierenbecken können einhergehen mit vermehrtem Durst (viel Durst auch bei erhöhtem Blutzucker und bei Erkrankungen der Nebennierenrinde), aber auch ohne Durst verlaufen. Der Urin kann hell, dunkel oder blutig sein. Fellstörungen oder Ekzeme können ein Hinweis für gestörte Nierenfunktion sein. Die Symptome sind beim Hund oft so unspezifisch, daß man sie viel zu spät erkennt und nur eine Harnuntersuchung mit Sedimentuntersuchung Klarheit bringt.
Unerkannte Nierenstörung kann zur Urämie, dem Nierenversagen mit meist tödlichem Ausgang, führen. Bei allen schleichend verlaufenden, mit wenig Symptomen einhergehenden Erkrankungen älterer Hunde sollte man daher an

eine begleitende oder verursachende Nierenstörung denken.
Die homöopathischen Arzneimittel wirken, wenn sie rechtzeitig angewandt werden, bei Erkrankungen der Niere (und auch der Leber) besonders intensiv. Homöopathie ist eine spezifische Therapie zur Wiederherstellung der Funktion von Gewebe. Die Behandlung von Nieren-und Lebererkrankungen mit homöopathischen Arzneimitteln ist daher besonders erfolgreich, solange noch regenerationsfähiges Gewebe vorhanden ist.
Unterstützend hat sich die Verabreichung von Tee – Kamillentee oder auch Nieren-Blasen-Tee – sehr bewährt, die durch ihre ausschwemmende Wirkung die Nierenfunktion ebenfalls anregen.

Blasenentzündung (Cystitis)

Die akute Blasenentzündung entsteht z.B. nach Durchnässung, bei großer Kälte im Winter oder wenn die Hunde naß im Freien liegen. Man erkennt sie meist erst, wenn der Urin auffallend häufig und nur in kleinen Mengen abgesetzt wird, Haushunde den Urin nachts nicht mehr halten können oder der Urin stark blutig ist.
Folgende Mittel haben sich beim Hund bewährt:

Cantharis

Cantharis, Lytta vesicatoria, die Spanische Fliege (ein Käfer), ist das wichtigste Mittel bei jeder akuten Blasenentzündung. Die Hunde haben einen ständigen Harndrang, setzen sich ständig, es kommen aber nur wenige Tropfen. Nachts können sie den Urin schlecht halten, wollen dauernd hinaus, verlieren beim Hinausgehen schon die ersten Tropfen. Der Urin enthält meist schon Blutbeimengungen. Schmerzäußerungen sind beim Hund nur selten zu beobachten, weshalb die Erkrankung oft sehr spät erkannt wird.
Dosierung: *Cantharis D4,* 2–4× täglich 1 Dosis.
Besserung muß innerhalb eines Tages eintreten. Dauer der Verabreichung dennoch mindestens 1 Woche!

Mercurius solubilis

Mercurius solubilis ist das Mittel für Entzündungen mit schwerer Schleimhautschädigung, die dann zu Blutungen neigt. Das Mittel ist daher bei schweren Blasenentzündungen angezeigt, die mit stark blutigem Urin einhergehen, wenn man glaubt, daß der Urin fast nur aus Blut bestehe. Man kann es sehr gut auch mit *Cantharis* kombinieren.
Dosierung: *Mercurius solubilis D8,* 2–3× täglich 1 Dosis.

Berberis

Berberis vulgaris, die Berberitze oder der Sauerdorn (Abb. 17, S. 58), ist auch in der Volksheilkunde als Nierenmittel bekannt. *Berberis* wird angewandt, wenn neben der Blasenentzündung auch eine Nierenbeckenentzündung vorliegt. Man kann es ebenfalls sehr gut mit *Cantharis* kombinieren. Es bewährt sich besonders bei älteren Hunden.
Dosierung: *Berberis D4,* 2× täglich 1 Dosis.

Entzündung von Nierenbecken und Niere (Pyelitis, Nephritis)

Die Erkrankungen von Nierenbecken und Niere kommen, wie eingangs erwähnt, meist kombiniert, selten für sich allein vor und verlaufen mit wenig charakteristischen Symptomen. Die im folgenden genannten Mittel eignen sich auch für nicht entzündliche Funktionsstörungen, die z.B. nach Vergiftungen aufgetreten sind.

Abb. 17. Berberis vulgaris, die Berberitze oder der Feuerdorn, wichtiges Mittel bei Blasen- und Nierenbeckenentzündung (Foto: DHU)

Folgende Mittel sind von Bedeutung:

Cantharis

Das bei der Blasenentzündung beschriebene Mittel eignet sich auch für weniger akute Krankheitszustände, wenn neben der Blasenentzündung Veränderungen an Nierenbecken oder Niere vorliegen. Der Urin enthält Blutbeimengungen und meist auch Leukozyten (Entzündungszellen).
Dosierung: *Cantharis D4,* 2× täglich 1 Dosis.

Berberis

Berberis vulgaris, die Berberitze, regt die Nierenfunktion sehr stark an. Charakteristisch ist der Wechsel der Symptome: Die Hunde sind zeitweise schlapp, dann wieder munter, sie zeigen zeitweise Durst, dann wieder nicht, der Urin ist manchmal hell, dann wieder ganz dunkel.
Das Mittel läßt sich gut mit *Cantharis* oder auch mit *Arsenicum album* kombinieren.
Dosierung: *Berberis D4,* 2× täglich 1 Dosis für 1–3 Wochen.

Arsenicum album

Arsenicum album ist ein Mittel für Erkrankungen von Nierenbecken und Niere, die schon länger bestehen und mit Schwäche und Lustlosigkeit einhergehen. Manchmal weisen dünnes, stumpfes Fell und ein fauliger Geruch des Tieres auf die Nierenerkrankung hin. Es können aber auch gleichzeitig Verdauungsstörungen oder Leberstörungen vorliegen. Die Tiere haben häufig Durst, trinken aber immer nur kleine Mengen.
Arsenicum album greift tief in den gesamten

Abb. 18. Solidago virgaurea, die Goldrute, zur intensiven Anregung der Nierenfunktion. (Foto: DHU)

Stoffwechsel ein und fördert die Regeneration der genannten Organfunktionen.
Dosierung: Arsenicum album D6 oder D12, 2× bzw. 1× täglich 1 Dosis für 1–3 Wochen.

Solidago

Solidago virgaurea, die Goldrute, ist ein Mittel, das die Nierenfunktion sehr intensiv anregt, auch wenn schwere Schädigungen vorliegen. Man gibt es besonders bei Beginn der Therapie und kann es gut mit *Berberis* oder *Arsenicum album* kombinieren.
Dosierung: Solidago D2, 2–3× täglich 1 Dosis.

Lycopodium

Lycopodium clavatum, der Bärlapp, wurde bei den Lebermitteln schon ausführlicher beschrieben. Es ist, wie *Arsenicum album,* ein Mittel mit Wirkung auf mehrere Organsysteme (Schwerpunkt: Leber). Es hat sich bei der Behandlung von gleichzeitig bestehender Leber- und Nierenstörung, wie wir sie oft bei oder nach Vergiftungen haben, sehr bewährt. Die Tiere haben schlechten Appetit, nehmen erst nach einigen Stunden das Futter auf, neigen zu Verdauungsstörungen. Der Urin ist oft dunkel, konzentriert und enthält Gallefarbstoffe.
Dosierung: Lycopodium D6 oder D12, 2× bzw. 1× täglich 1 Dosis.

Harnträufeln

Das Harnträufeln, d.h. tropfenweise Verlieren des Urins nach dem Harnabsatz, beim Aufstehen oder im Liegen. Kommt bei der älteren, manchmal auch bei der sterilisierten Hündin vor. Die Erkrankung ist bei im Haus gehaltenen Tieren besonders unangenehm. Es besteht zudem ständig die Gefahr einer Cystitis. Homöopathisch kann man 3 Mittel versuchen: *Cantharis D4*, 2× täglich 1 Dosis, wenn das Träufeln nur zeitweise auftritt und im Zusammenhang mit einer Blasenentzündung oder Blasenreizung steht.

Sepia D6, 2× täglich 1 Dosis, bei mehr altersbedingter Schwäche des Bindegewebes und des Blasenschließmuskels. Hier kann auch eine Einzeldosis *Sepia D30* in unregelmäßigen Abständen gute Wirkung zeigen.

Causticum D12, 1–2× täglich 1 Dosis, wenn eine Blasenreizung mit Innervierungsschwäche vorliegt.

Erkrankungen von Herz und Kreislauf

Herz- und Kreislaufbeschwerden kommen am häufigsten bei älteren Hunden vor. Man erkennt sie z.B. an zunehmender Kurzatmigkeit beim Laufen. Die Hunde wollen nicht mehr mitlaufen, rennen und spielen nicht mehr so ausdauernd, bleiben stehen oder sitzen, um zu verschnaufen. Häufig ist auch der sogenannte »Herzhusten« zu beobachten: Die Hunde husten trocken oder bellend, würgen manchmal dabei, als hätten sie einen Fremdkörper im Hals. Es handelt sich aber um festsitzenden, zähen Schleim in den Bronchien, der sich infolge mangelhafter Herzleistung bzw. Stauung dort gebildet hat. Die Vorstufe ist das chronische Lungenödem, das viele ältere und vor allem fettleibige Hunde haben: Man versteht darunter eine Flüssigkeitsansammlung im Bereich der Bronchien und der Lunge, die im Anfangsstadium nur zu einer Kurzatmigkeit bei Belastung führt, wie eingangs beschrieben.

Die Erkrankungen am Herz älterer Tiere können eine oder mehrere Herzklappen betreffen und führen dann zu sogenannten Herzklappengeräuschen. Daneben können aber auch Veränderungen im Herzrhythmus, also in der Folge der beiden Herztöne, auftreten. Die Herztöne kommen dann sehr unregelmäßig (eine mit der Ein- und Ausatmung erfolgende Schwankung der Anzahl der Herzschläge ist beim Hund normal!). Es können der erste oder zweite Herzton wegfallen, doppelt zu hören sein oder Extra-Herztöne, sogenannte Extrasystolen, auftreten. Daneben unterscheidet man noch die Bradykardie, das ist die Verlangsamung der Herzfrequenz unter 60 Herzschläge/Minute, und die Tachykardie, bei der die Herztöne ganz schnell aufeinander folgen (über 120/Minute).

Eine Überlastung des Herzens kann aber auch z.B. durch eine Nierenstörung hervorgerufen werden, die zur Flüssigkeitsansammlung in Brust- oder Bauchraum führt.

Man beobachtet oft eine Wechselwirkung zwischen Herz- und Nierenstörung, die zu einem ständigen Fortschreiten der Veränderungen führt.

Herzversagen mit plötzlichem Herztod tritt bei Vergiftungen, bei angeborenen Herzfehlern, bei Überlastung und z.B. auch bei Überhitzung auf. Die Tiere fallen plötzlich um, Zunge und Mundschleimhäute färben sich bläulich, sie sind bewußtlos, die Atmung setzt aus. Diese Fälle sind nur selten und nur bei schnellster tierärztlicher Behandlung zu retten.

Für die homöopathische Behandlung eignen sich vor allem die altersbedingten Herz- und Kreislaufstörungen. Bei fettleibigen Tieren ist allerdings eine Reduzierung des Futters, vor allem von Fett und Fleisch, auf das dem normalen Körpergewicht entsprechende Minimum sowie

Abb. 19. Crataegus oxycantha und C. monogyna, der Weißdorn, »Pflegemittel des Herzens« (Foto: DHU)

der Zusatz von pflanzlicher Nahrung, wie Haferflocken, Reis, Obst und Gemüse, unumgängliche Voraussetzung für eine wirksame Behandlung. Auch unsere Hunde leiden meist an Übergewicht mit den Folgen Organverfettung und Kreislaufüberlastung. Mit einer vernünftigen, »kalorienbewußten« Ernährung läßt sich manches noch rechtzeitig reparieren (siehe Kapitel »Fettleibigkeit«).

Trinken die Hunde gleichzeitig sehr viel, so liegt meist auch eine Störung der Nierenfunktion vor. Die Verabreichung von Tee oder mineralarmem Wasser ohne Kohlensäure sowie der Einsatz eines passenden Nierenmittels müssen dann zusätzlich in Erwägung gezogen werden. Für den Hund haben sich folgende Arzneimittel für die homöopathische Therapie bewährt:

Crataegus

Crataegus oxycantha und *Crataegus monogyna,* der Weißdorn, ging als »Pflegemittel des Herzens« in die Homöopathie ein. Die herzstärkende Wirkung ist schon lange aus der Volksheilkunde bekannt.

Crataegus verbessert die Sauerstoffversorgung des Herzens und kräftigt langfristig den Herzmuskel. Das Mittel eignet sich besonders für die Behandlung beim sogenannten »Altersherz«, bei leichteren Herzstörungen, beginnendem Herzhusten und Kurzatmigkeit. Es ist das wichtigste homöopathische Herzmittel. Gegenüber den sonst angewendeten Digitalispräparaten hat es den Vorteil, daß es frei von Nebenwirkungen ist: Manche Hunde reagieren auf die Digitalispräparate mit Erbrechen oder Brechreiz und verweigern dann die Tabletteneinnahme. Bei den meisten Digitalispräparaten ist zudem streng auf den Zeitabstand von 8 Stunden zwischen der jeweiligen Medikamentengabe zu achten, was gar nicht immer durchführbar ist. Das Herz eines solchen Hundes wird abhängig von der Digitalisgabe. Wird die Verabreichung einmal vergessen oder unregelmäßig, oder verweigert der Hund die Aufnahme, so treten Kreislaufbeschwerden auf. Dies ist bei homöopathischer Therapie nicht der Fall. Sie sollte zwar, um eine bestmögliche Wirkung zu erreichen, auch über längere Zeit und regelmäßig erfolgen, es treten aber keine ernsthaften Störungen auf, wenn die Verabreichung einmal unterbleibt. Zudem kann man sie nach Bedarf, bei Wetterwechsel oder schwülem Wetter, wenn der Hund besonders schlapp oder auch unruhig erscheint (beides ist bei Herzpatienten möglich!), ohne weiteres auch ein- oder zweimal öfter geben, ohne daß die Gefahr einer Überdosierung besteht.

Dosierung: Sie muß individuell nach Wirkung erfolgen. Wegen der hier angewandten niedrigen Potenz ist die Wirkung stärker von der Dosis abhängig als sonst. Für einen Dackel oder Pudel würde man mit 2–3× täglich 1 Tablette *Crataegus D1* beginnen, für ca. 2 Wochen, und bei deutlicher Besserung auf 2× bzw. 1× täglich 1 Tablette zurückgehen. Für große Hunde kann man mit 2–3× täglich 2 Tabletten anfangen. Entsprechend wäre auch die Dosierung der Dilution.

Man kann auch das Handelspräparat *Crataegutt*® verabreichen, das aus einem alkoholischen Auszug aus *Crataegus* besteht. Die Lösung schmeckt aber stark alkoholisch und wird daher von manchen Hunden auf Dauer nicht so gut aufgenommen. Die Dosierung für einen Dackel oder Pudel wäre hierbei etwa: 2–3× täglich 10 Tropfen. Größere Hunde bekommen eine entsprechend höhere Dosis, ebenfalls 2–3× täglich.

Kalium carbonicum

Kalium carbonicum, das Kaliumcarbonat, ist ein Herz- und Nierenmittel und eignet sich besonders für fettleibige Tiere mit Lungenödem oder beginnender Flüssigkeitsansammlung in der Bauchhöhle, die »aufgeschwemmt« erscheinen. Sie haben einen massigen Körper und relativ dünne Beine.

Kalium carbonicum fördert die Flüssigkeitsausscheidung durch die Niere und wirkt gleichzeitig kräftigend auf das Herz. Die Tiere sind oft schon nach 2 Wochen wieder viel beweglicher und verlieren das ständige Schnaufen und die Kurzatmigkeit. Man kann *Kalium carbonicum* auch sehr gut mit *Crataegus* kombinieren.

Dosierung: *Kalium carbonicum D4*, 2–4× täglich 1 Tablette oder 5–8 Tropfen Dilution.

Das Handelspräparat Cralonin® enthält eine Kombination von *Crataegus, Kalium carbonicum* und *Spigelia*, die sich beim Hund sehr bewährt hat.

Dosierung: für einen 8–10 kg schweren Hund: ca. ½ Erwachsenendosis.

Veratrum album

Veratrum album, die Weiße Nieswurz, ist ein sogenanntes Kollapsmittel, das man bei Kreislaufschwäche und -versagen mit Blässe und großer Schwäche gibt. Es eignet sich, in Verbindung mit *Crataegus*, bei Hunden mit Klappengeräuschen, die bei Wetterwechsel und Hitze schlapp sind, sich nicht bewegen wollen und unterwegs nicht mehr weiter können.

Dosierung: *Veratrum D4*, zusammen mit *Crataegus D1*, 2–4× täglich 1 Dosis.

Digitalis

Digitalis purpurea, der Rote Fingerhut, wird als homöopathisch potenziertes Arzneimittel angewandt, wenn die Herzstörung mit einer Verlangsamung der Herzfrequenz, also unter 60 Herzschläge/Minute, einhergeht. Die Anwendung ist daher mit den handelsüblichen Digitalispräparaten nicht vergleichbar. Die Verlangsamung der Herzschläge ist beim Hund nicht besonders häufig. Wenn sie einmal vorkommt, wird man jedoch mit *Digitalis* deutliche Erfolge erzielen.

Dosierung: *Digitalis D3,* 2× täglich 1 Dosis. Eine Besserung sollte sich innerhalb von 14 Tagen einstellen.

Convallaria

Convallaria majalis, das Maiglöckchen, hat ebenfalls eine sehr intensive Wirkung auf Herz und Kreislauf. Es kommt in erster Linie für akute Störungen mit Schwäche und Schwanken meist älterer Hunde in Frage, die eine Herzrhythmusstörung aufweisen. Die Herzrhythmusstörung ist beim Hund ausschlaggebend für die Wahl und Anwendung von *Convallaria.* Oft besteht gleichzeitig schon eine beginnende Bauchwassersucht. Die Symptome treten meist bei ständigem Luftdruckwechsel im Frühjahr und bei großer Hitze im Sommer auf. Sie werden oft lebensbedrohlich. Nicht immer läßt sich die Arrhythmie mit *Convallaria* beseitigen bzw. stabilisieren, so daß man hier oft die Beschwerden nur lindern und lebensverlängernd, aber nicht heilend einwirken kann.

Dosierung: *Convallaria D3,* 2–4× täglich 1 Dosis, zunächst nur für 1–2 Wochen.

Laurocerasus

Prunus laurocerasus, der Kirschlorbeer, ist ebenfalls ein homöopathisches Herzmittel für fortgeschrittene Veränderungen. Es hat sich beim Hund bewährt, wenn Atemnot, Schwäche und Husten durch starke Veränderungen an den Herzklappen hervorgerufen werden, die zu Stauungen in der Lunge führen.

Dosierung: Bei akutem Versagen *Laurocerasus D1,* 2× täglich 1 Dosis für einige Tage. Danach oder bei weniger akutem Verlauf: *Laurocerasus D3,* 2× täglich 1 Dosis für ca. 2–3 Wochen. Dann sollte *Laurocerasus* möglichst von *Crataegus* gefolgt werden. Auch für *Laurocerasus* gilt, daß die Anwendung häufig zu spät erfolgt und eine Besserung nur für einige Zeit zu erreichen ist.

Erkrankungen der Analbeutel

Die Analbeutel, auch Duftdrüsen des Hundes genannt, liegen rechts und links jeweils unterhalb des Afters (s. Abb. 20). Sie sind normalerweise etwa bohnengroß und produzieren ein äußerst intensiv riechendes Sekret, das mit dem Kotabsatz tropfenweise abgegeben wird. Es ist dies der Geruch, an dem die Hunde sich erkennen und weswegen sie am Kot anderer Hunde schnuppern.

Die Analbeutel haben leider einen sehr dünnen Ausführungsgang, der innen im After mündet. Dickt sich das Sekret ein, was relativ häufig geschieht, so bildet sich ein kleiner Pfropf, und das Sekret kann nicht austreten. Die Drüse füllt sich immer mehr, sie drückt und juckt. Der Hund versucht, den Inhalt loszuwerden, indem er mit dem After auf dem Boden rutscht, wie dies sonst auch bei Wurmbefall beschrieben wird. Besitzer von Pudeln, Cocker-Spaniels und Boxern können besonders von diesem Leid klagen. Es bleibt oft nichts, als die Drüsen beim Tierarzt ausdrücken zu lassen.

Ist dies öfter der Fall, so liegt eine Störung der Sekretbildung vor, häufig aber auch eine Störung der Verdauung oder des gesamten Stoff-

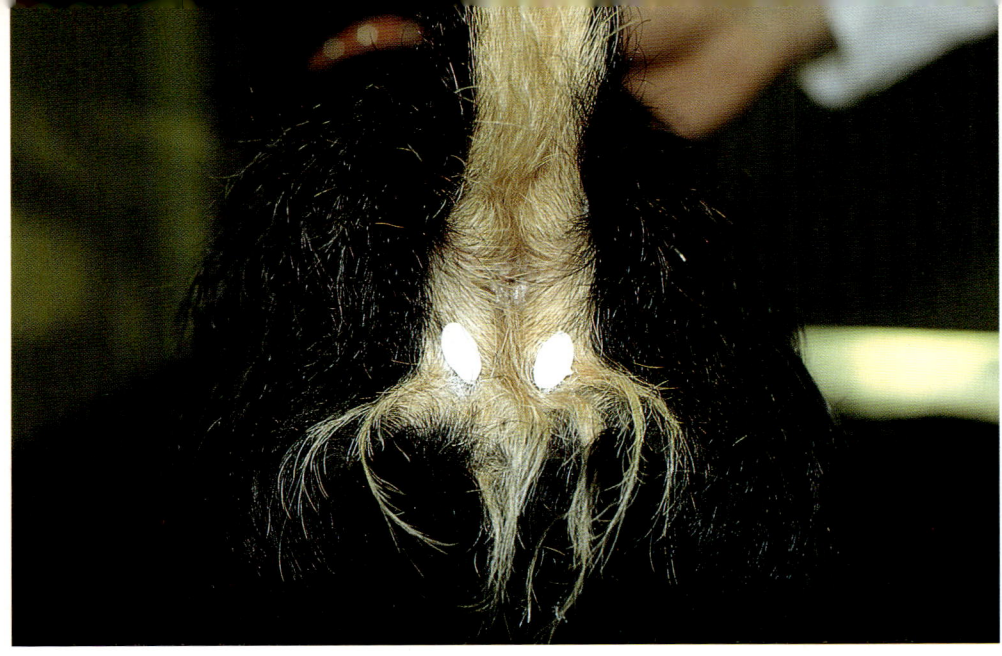

Abb. 20. Lage der Analbeutel rechts und links unterhalb des Afters (mit weißen Etiketten markiert; Foto: Rakow)

wechsels. Dies gilt besonders für immer wiederkehrende rechtsseitige Analbeutelerkrankungen. Das Sekret ist normalerweise hell- oder auch dunkelbraun, kann im Erkrankungsfall grießig, dicklich, gelblich oder grünlich-eitrig werden und riecht jeweils äußerst intensiv. (Einige Tropfen auf einen Pullover gespritzt, umgeben einen für den ganzen Tag mit einer »Duftwolke«!)

Analbeutelabszeß

Mitunter kommt es bei oder durch eine Verstopfung der Analbeutel zur Entzündung der Drüsen. Es bildet sich dann ein äußerst schmerzhafter Analbeutelabszeß, bei dem die Hunde unruhig, mit eingezogenem Schwanz hin- und herrennen, sich dauernd umschauen oder lecken, nicht richtig laufen können, sich nicht am After oder Schwanzansatz anfassen lassen wollen.

Man sieht eine rechts oder links und etwas unterhalb vom After gelegene Rötung und Vorwölbung der Haut.

Dieses Bild entspricht dem bei der Abszeßbildung (S. 22) beschriebenen Arzneimittel *Hepar sulfuris*, das auch hier erfolgreich zur Anwendung kommt.

Dosierung: *Hepar sulfuris D8, 3–5× täglich 1 Dosis für 1–2 Tage.*

In dieser Zeit muß es zur Abszeßreifung gekommen sein. Die Schmerzhaftigkeit läßt nach. Der Abszeß platzt von selbst auf, wird durch den Hund aufgebissen oder beim Tierarzt eröffnet. Ein aufgeplatzter Abszeß blutet meist etwas

nach. Dies ist zwar nicht gefährlich, wegen der Verschmutzung der Wohnung ist es aber empfehlenswert, dem Hund ein Höschen, Pampers o. ä. anzuziehen.
Die weitere Behandlung erfolgt ebenfalls wie im Kapitel »Abszeß« besprochen (S. 22): Spülung mit verdünnter *Calendula*-Tinktur, evtl. Gabe von *Silicea D6*, 2× täglich 1 Dosis für ca. 5 Tage.
Sind die Beschwerden durch den sich anbildenden Abszeß nicht so akut oder ist es zwar zur Entzündung, aber nicht zur Abszeßbildung gekommen, die Schmerzhaftigkeit also nicht so ausgeprägt, so gibt man auch hier zunächst *Myristica sebifera D3*, 2× täglich 1 Dosis für 5–8 Tage.
Man kann damit entweder den Abbau und die Resorption der Entzündung durch den Organismus erreichen oder doch noch eine Abkapselung und Abszeßbildung bewirken, die dann wie oben beschrieben behandelt wird.

Bei Sekretveränderungen oder wiederkehrender Verstopfung der Analbeutel haben sich folgende Mittel bewährt:

Pulsatilla

Pulsatilla pratensis, die Wiesenküchenschelle, ist dann angezeigt, wenn das Sekret gelblich oder gelblich-grünlich, aber nicht wundmachend und die Verstopfung oder Füllung auch nicht schmerzhaft ist.
Dosierung: *Pulsatilla D4*, 2× täglich 1 Dosis für 1–3 Wochen.

Causticum

Causticum Hahnemannii, das aus gebranntem Kalk hergestellte homöopathische Arzneimittel, gibt man, wenn der After eher schmierig, rissig und wund erscheint. Das Sekret ist dicklich, schmierig, pappig, wie eine Paste.

Dosierung: *Causticum D12*, 1× täglich 1 Dosis für 2–3 Wochen.

Graphites

Der *Graphit* paßt für fettleibige, gefräßige und gutmütige Tiere. Der After ist nicht wund, auch nicht schmerzhaft, aber schmierig, das Sekret mehr honigartig, klebrig.
Dosierung: *Graphites D6*, 2× täglich 1 Dosis für 2–3 Wochen.

Thuja

Thuja occidentalis, der Abendländische Lebensbaum, ist ebenfalls ein Mittel für Veränderungen des Afters (und aller Körperöffnungen). Der After ist eher dunkel pigmentiert und von kleinen Warzen oder warzenähnlichen Vorwölbungen umgeben, die leicht bluten. Die Tiere sind sehr empfindlich gegen Kälte und Nässe. Das Sekret ist dicklich-grünlich.
Dosierung: *Thuja D15*, 1× täglich 1 Dosis.

Sulfur

Sulfur, der Schwefel, eignet sich auch bei Analbeutelerkrankungen als Einleitung der Therapie, s. nachfolgendes Kapitel über Hautkrankheiten.
Dosierung: *Sulfur D12*, 1× täglich 1 Dosis für 5 Tage.

Erkrankungen der Haut

Erkrankungen der Haut, wie Ekzeme, Pustelbildung, Furunkel, Haarausfall, Haarbruch usw. mit oder ohne Juckreiz, sind in zunehmendem Maße ein Problem unserer Hundehaltung.
So vielfältig wie die Ursachen, nämlich Parasi-

ten-, Pilzbefall, Infektion, Folge von Vergiftung und Medikamenten, Leber-/Nierenstörung, Hormonstörung, Fehlernährung, Allergien, sind auch die Therapiemöglichkeiten.

Äußerst unbefriedigend sind oft die Behandlungserfolge, vor allem bei Hauterkrankungen, die mit Juckreiz einhergehen. Das andauernde Kratzen und Lecken der Hunde führt von sich aus zu einem Fortschreiten der Hautveränderungen und Ekzeme. Da Zunge, Zähne und Krallen äußerst keimhaltig sein können, wird die Infektion mit Bakterien und auch mit Pilzen noch zusätzlich begünstigt. Die Behandlung mit juckreizstillenden Medikamenten innerlich und äußerlich und das Auftragen von antibiotischen und pilzabtötenden Salben und Lotionen hat oft nur kurzzeitigen Erfolg, da nur die äußeren Symptome und nicht die eigentliche Ursache bekämpft werden.

Die Haut galt schon früher als Spiegel der Gesundheit. Erkrankungen der Haut sollten daher unsere Aufmerksamkeit auf etwa vorhandene innere Störungen lenken. Sicher wird man Flöhe und Läuse mit einem Antiparasitikum und einem ansteckenden Pilz mit einem entsprechenden Mittel bekämpfen müssen.

Großenteils beruhen Störungen im Fellwechsel, Haarbruch und Ekzeme jedoch z.B. auf Störungen von Leber oder Niere und lassen sich auf diesem Wege erfolgreich behandeln. Dabei spielt die richtige Ernährung eine ganz wichtige Rolle.

Es sollen im folgenden nur einige Zusammenhänge aufgezeigt und Hinweise für die Fälle gegeben werden, bei denen auch ein Laie die Veränderungen relativ leicht zuordnen kann. Die Behandlung von Hauterkrankungen gehört auch in der Homöopathie zu den schwierigsten Kapiteln, und jahrelang bestehende Veränderungen gehören in die Hand eines erfahrenen Homöopathen.

Hauterkrankungen durch Stoffwechselstörungen

<u>Sulfur</u>

Sulfur wird aus der Schwefelblüte hergestellt und ist das bei Hauterkrankungen wohl am häufigsten gebrauchte Mittel.

Sulfur greift tief in den Stoffwechsel der Leber und der Haut ein. Das Arzneimittel gibt oft den Anstoß, den der Organismus braucht, um nach einer schweren Krankheit, nach einer Vergiftung, nach Unverträglichkeit eines Medikamentes oder beim Fellwechsel die Organfunktion wieder zu aktivieren.

Sulfur wirkt somit als »Entgiftungsmittel«, besonders wenn sich Veränderungen an Haut und Haaren oder Störungen der Leberfunktion zeigen. (Das zweite große Entgiftungsmittel ist *Nux vomica*, das man als einmalige Gabe, 1 Dosis der *D30*, gibt, wenn Verdauungsstörungen nach den genannten Ursachen im Vordergrund stehen.)

Sulfur hat aber auch ein eigenes homöopathisches Arzneimittelbild, in dem Hautveränderungen einen ganz wichtigen Platz einnehmen. Viele Hunde mit Haarbruch, verlängertem Fellwechsel, fettigem oder schuppigem Fell entsprechen diesem »*Sulfur-Bild*« und können daher mit *Sulfur* allein behandelt werden.

Der »Sulfur-Hund« ist meist sehr selbstbewußt und lebhaft. Er kann auch einmal zornig werden, wenn ihm etwas nicht paßt, aber er ist nicht nachtragend, ängstlich oder nervös. Sein Appetit ist stets gut, er frißt alles, was er bekommt und findet, wenn er auch keineswegs alles verträgt. So kann er schon mal Probleme mit wechselndem Kot oder Durchfall haben. Er geht gern spazieren und ist gern im Freien. Im warmen Zimmer fühlt er sich meist nicht so wohl. Unterwegs schnuppert und knabbert er an allem, was sich findet, trinkt aus Pfützen, geht gern durch Pfützen, Dreck und Matsch. Entsprechend schmutzig und zerrupft sieht sein Fell aus. Schmutz, Kletten usw. kümmern ihn aber wenig, er säubert sich nur äußerst ungern und wartet ab, ob der Besitzer nicht die Reinigung übernimmt oder der Schmutz nach dem Trocknen von alleine abfällt.

Probleme macht der Fellwechsel: Er ist verlängert, die Unterwolle löst sich nicht, das Fell fühlt sich fettig und verfilzt an, die Haut ist meist trocken, eher schuppig, bei Juckreiz bilden sich schnell kleine Pusteln.

Der Haarbruch auf dem Rücken, besonders zwischen den Schulterblättern, ist Anzeichen für eine Störung des Leberstoffwechsels, die meist ernährungsbedingt ist.

Die Hunde haben einen stärkeren Eigengeruch, so daß man größere Hunde nicht mehr im Zimmer ertragen kann.

Besonders ausgeprägt sind diese Erkrankungsformen beim Deutschen Schäferhund, man beobachtet sie jedoch zunehmend auch bei anderen Hunderassen.

Mit *Sulfur D12*, 1× täglich 1 Dosis für 5 Tage, kann man erreichen, daß die Unterwolle sich innerhalb von wenigen Tagen vollständig löst, alle fettigen und verfilzten Haare ausgehen und die Haut nicht mehr so juckt. Die Schuppen verschwinden, es wächst ein neues, gesundes Fell heran.

Dies gilt auch für den verlängerten Haarwechsel oder wenn sich das beschriebene mangelhafte Haarkleid bereits angebildet hat oder für die Zwischenhaarwechsel im Juni und Dezember, die vielen Hunden Probleme machen. Ebenso kann man eine Therapie einleiten, wenn Haarbruch und Fellstörung nach einer Krankheit, einer Vergiftung, nach Medikamenten oder nach Futterwechsel aufgetreten sind.

Die ausschließliche Fütterung von Trockenfutter oder Fertigfutter überhaupt, das Füttern von Essensresten, besonders von Wurst, gewürztem Fleisch und Soßen, können die genannten Veränderungen hervorrufen oder begünstigen und müssen daher unbedingt gemieden werden. Sie führen zu einer Stoffwechselbelastung der Leber, die sich dann über die Haut äußert.

Natürlich sind längst nicht alle Ekzeme mit *Sulfur* allein zu beherrschen, oft müssen andere Mittel in Erwägung gezogen werden. Der Beginn der Therapie mit einer Einzelgabe *Sulfur D30* hat sich jedoch in fast allen, länger bestehenden Fällen sehr bewährt. Die Hunde sprechen dann auf das eigentliche Mittel viel besser an.

Arsenicum album

Arsenicum album ist ebenfalls ein Mittel für fettiges, stumpfes Fell und schuppige Haut. Die Hunde riechen jedoch mehr faulig. Sie erscheinen schlapp und müde. Durch eine vorangegangene Erkrankung sind sie sehr gealtert. Es besteht eine deutliche Nierenstörung mit entsprechenden Harnveränderungen.

Die Hunde trinken viel, aber immer nur kleine Mengen. Sie neigen zu faulig riechendem Durchfall und Erbrechen. Im Gegensatz zum *Sulfur* liegen sie lieber warm, meiden jede Pfütze und halten sich sehr sauber.

Dosierung: *Arsenicum album D12*, 2× täglich 1 Dosis, evtl. Abschluß der Behandlung mit einer Einzelgabe *Arsenicum album D30*. Kontrolle des Urins ist empfehlenswert!

Natrium muriaticum

Natrium muriaticum, das potenzierte Kochsalz, ist ebenfalls ein wichtiges homöopathisches Arzneimittel bei Hauterkrankungen. Die Hunde haben einen gestörten Salzhaushalt, oft einen erhöhten Salzbedarf. Das Mittel paßt gut für Hunde, die lange Zeit ausschließlich mit Dosenfutter ernährt wurden. Das Fell ist auch hier stumpf und schuppig, die Haare gehen aus. Es

entstehen Pusteln und kleine Krusten, die Hunde haben starken Juckreiz. Rötungen und Pusteln in den Gelenkbeugen von Innenachseln und Oberschenkeln sind typisch für *Natrium muriaticum.*
Charakteristisch ist aber auch Temperament und Verhalten der Tiere: Sie sind zwar sehr gute Leistungshunde, aber äußerst eigenwillig. Gegen andere Hunde, besonders des gleichen Geschlechtes, sind sie meist sehr aggressiv, man kann sie daher nicht frei laufen lassen. Sie suchen Zuneigung und Anerkennung des Besitzers, wollen aber nicht soviel gestreichelt werden und lassen sich von Fremden nicht anfassen. Hat man sie nicht rechtzeitig erzogen, so knurren sie auch den Besitzer an oder schnappen sogar zu, wenn ihnen etwas nicht paßt. Wenn sie krank sind, sind sie äußerst unleidlich und lassen sich nicht gerne pflegen.
Dosierung: *Natrium muriaticum D6,* 2✕ täglich 1 Dosis, oder *D30,* 1✕ pro Woche.
Futterumstellung unbedingt notwendig! Frischfleisch roh oder gekocht, Haferflocken, Obst, Gemüse, Prise Salz.

Graphites

Der Graphit, das Reißblei, ist ein Arzneimittel für fettleibige, gefräßige, äußerst gutmütige Tiere. Sie lassen sich alles gefallen, sind träge, aber freundlich und geduldig. Der Besitzer kann sich ihrem Betteln selten widersetzen. Sie neigen zu Verstopfung, die ständige Aufnahme von »Extra-Häppchen« aller Art, besonders auch Süßigkeiten, macht ihnen Probleme: Die Analdrüsen verstopfen, sie neigen zu Gehörgangsentzündung, die Haut ist fettig, das Fell dünn und stumpf. Überall bildet sich das klebrige, honigartige Sekret. Es kommt zu Hautverdikkungen und Schwielenbildung, besonders in den Gelenkbeugen der Beine und am Unterbauch.

Dosierung: *Graphites D6,* 2✕ täglich 1 Dosis über längere Zeit.
Ernährungsumstellung!!! (s. Fettleibigkeit)

Calcium carbonicum

Calcium carbonicum Hahnemannii, das aus dem Austernschalenkalk hergestellte Arzneimittel, ist vorrangig ein Mittel für Welpen und junge Hunde. Sie erscheinen auf den ersten Blick äußerst kräftig und robust, sind gutmütig, anhänglich und gehen zunächst unbefangen in die Welt. Bei unvorhergesehenen Ereignissen, wenn sie z. B. in der Dunkelheit an einem großen Stein vorbeigehen, ein großer Lastwagen an ihnen vorüberrauscht, ein großer Hund auf sie zukommt, sind sie oft ängstlich und hilflos und suchen Schutz bei ihrem Besitzer.
Welpenekzeme am Bauch, mit kleinen Pusteln und Bläschen, die als Unverträglichkeit der Milch oder nach dem Zufüttern auftreten, sind ein sicherer Hinweis für *Calcium carbonicum.* Störungen in den ersten Fellwechseln mit schuppigem Fell, das wie angefressen aussieht, deuten ebenfalls auf *Calcium carbonicum.*
Bei Junghunden im Alter von 1–2 Jahren folgt *Calcium carbonicum* gut auf *Sulfur.*
Dosierung: *Calcium carbonicum D12,* 1✕ täglich 1 Dosis, evtl. auch *Calcium carbonicum D30,* Einzeldosis, 2✕ im Abstand von einer Woche.

Hormonell bedingte Hauterkrankungen

Starker Haarausfall vor oder nach der Läufigkeit, mit oder ohne Juckreiz, symmetrischer Haarausfall mit kahlen Stellen rechts und links der Lendenwirbelsäule sind ein Hinweis für Störungen im Hormonhaushalt bei weiblichen Tieren. Folgende Mittel sind hier angezeigt:

Pulsatilla

Pulsatilla pratensis, die Wiesenküchenschelle, bei langdauerndem Haarausfall nach der Läufigkeit. Die Tiere sind sehr gutmütig, äußerst anhänglich, aber auch ängstlich.
Die Läufigkeit ist verlängert, auch der Abstand zwischen den Läufigkeiten ist eher verlängert. Sie neigen zu Ausfluß nach der Läufigkeit und auch zu Scheinträchtigkeit. Es handelt sich meist um jüngere Tiere.
Dosierung: *Pulsatilla D4*, 2× täglich 1 Dosis für ca. 14 Tage.

Aristolochia

Aristolochia clematitis, die Osterluzei, kann ebenfalls bei langandauerndem Haarausfall und haarlosen Stellen nach der Läufigkeit versucht werden. Es besteht fast nie Juckreiz. Die Hündinnen entsprechen nicht ganz dem zuvor beschriebenen, anhänglichen und gutmütigen Pulsatilla-Bild. Es handelt sich meist um ältere Hündinnen.
Dosierung: *Aristolochia D15*, 1× täglich 1 Dosis für ca. 2–3 Wochen.

Sepia

Sepia officinalis, der Tintenfisch, ist ein homöopathisches Arzneimittel für ältere Hündinnen mit schlaffem Bindegewebe und hängenden Zitzen. Man kann es auch beim symmetrischen Haarausfall *vor* der Läufigkeit versuchen.
Die Hündinnen haben mitunter Juckreiz oder einzelne, kleine Knötchen oder Pusteln in der veränderten Haut, die sich häufig dunkel pigmentiert. Sie sind recht eigenwillig und launisch.
Dosierung: *Sepia D6*, 2× täglich 1 Dosis für ca. 14 Tage, oder *Sepia D30*, Einzelgabe, 3× im Abstand von 1 Woche.

Man sollte bei den hormonell bedingten Haar- und Hautveränderungen nicht vergessen, daß diese z.B. bei Dobermann und Schnauzer erblich bedingt sein können und in bestimmten Zuchtlinien immer wieder auftreten. Die Veranlagung zur Erkrankung ist homöopathisch natürlich nicht zu beeinflussen und die Therapie entsprechend nicht immer erfolgreich.

Leckekzem

Das Leckekzem der Hunde ist, wie der Name schon sagt, die Sonderform eines Ekzems, das in seinem Aussehen und seinem Ausmaß ausschließlich durch das Lecken der Hunde bestimmt wird. Ursache sind kleine Verletzungen durch Dornen, durch eine Zecke, aber auch Flöhe oder Störungen im Fellwechsel.
Es kommt meist im Bereich der Hüfthöcker, um den Schwanz herum, außen am Oberschenkel oder am Hals zu Juckreiz.
Durch das Lecken oder auch Kratzen wird die Haut gereizt, sie juckt noch mehr, es wird noch mehr geleckt, bis schließlich innerhalb von Stunden oder einem halben Tag die Haare an dieser Stelle ausgehen, die Haut rot, nässend, im schlimmsten Fall sogar eitrig wird.
Wichtigste Maßnahme ist, weiteres Lecken zu verhindern, z.B. durch Aufsetzen eines Halskragens oder eines Eimers ohne Boden und die jeweils mittels eines eng sitzenden Bandes am Hals befestigt werden. Jetzt kann man auch gefahrloser an das Ekzem herangehen.
Die zweite wichtige Maßnahme ist das Entfernen der verklebten Haare in der Umgebung der Ekzemstelle, bis ein gesunder Rand freiliegt. Das Leckekzem wird dann wie eine eitrige Wunde behandelt: Abtupfen oder Abwischen mit verdünnter *Calendula-Tinktur*, anschließend Auftragen von *Hypericum-Öl*, um die Haut geschmeidig zu halten und Juckreiz und Schmerzen zu lindern.

Innerlich gibt man:
Bei eitrigem, übelriechendem Ekzem, großer Schmerzhaftigkeit und Berührungsempfindlichkeit: *Hepar sulfuris D8,* 3× täglich 1 Dosis für 1–2 Tage.
Danach oder wenn die Veränderungen mehr wund und nicht ganz so schmerzhaft waren: *Mercurius solubilis D8,* 2× täglich 1 Dosis für 5–8 Tage.
Wichtig ist, mindestens 2mal am Tag die Ekzemfläche zu reinigen und vor allem die sich bildenden Krusten mit verdünnter Kamillenlösung aufzuweichen. Läßt man die Krusten stehen, so ist die Wunde zwar äußerlich trocken, es bildet sich aber darunter erneut eitriges Sekret. Das Auftragen von *Hypericum-Öl* kann die Krustenbildung jedoch weitgehend verhindern. Ist die Wunde in Abheilung, kann man auch eine *Lebertransalbe* oder *Calendula-Salbe* dünn auftragen.

Juckende und allergisch bedingte Ekzeme

Will man bei Juckreiz und allergisch bedingten Ekzemen nicht zum Cortison mit seinen Nebenwirkungen greifen, so ist dieses Problem auch homöopathisch nicht ganz einfach zu lösen. Es werden hier nur einige Mittel mit ihren Symptomen genannt, die man bei Pusteln oder Bläschen versuchen kann, vor allem wenn diese sich an Unterbauch und Innenschenkeln bilden und durch Gras, Getreidefelder o. ä. bedingt zu sein scheinen. Oft kommt man ohne zusätzliche örtliche Behandlung mit einem evtl. auch cortisonhaltigen Mittel nicht aus.

Rhus toxicodendron

Rhus toxicodendron, der Giftsumach, bei kleinen juckenden Rötungen, Pusteln und Bläschen. Auffallend ist die Unruhe der Tiere, die sich nicht hinlegen wollen, und das Auftreten oder die Verschlimmerung nach Laufen im nassen Gras.
Dosierung: *Rhus toxicodendron D6,* 2× täglich 1 Dosis.

Apis

Apis mellifica, die Honigbiene, bei kleinen, hellen Bläschen mit leichter Schwellung. Die Tiere suchen die Stellen zu kühlen.
Dosierung: *Apis D4,* 2–3× täglich 1 Dosis.

Urtica urens

Urtica urens, die Brennessel, bei Rötungen, kleinen Pusteln und Quaddeln, die stark jucken und brennen, wie wir sie von der Brennessel her kennen.
Dosierung: *Urtica urens D3,* 2–3× täglich 1 Dosis.

Zwischenzehenekzem

Nässende, stark juckende Ekzeme zwischen den Zehen und Ballen sind vor allem bei Boxern und Cocker-Spaniels bekannt. Treten sie immer wieder und nur an bestimmten Pfoten auf, so muß eine innere Krankheitsursache angenommen werden, wobei Rechtsseitigkeit wieder mehr für Erkrankungen im Bereich Darm/Leber/Niere, Linksseitigkeit mehr für Veränderungen im hormonellen Bereich spricht.
Besteht das Zwischenzehenekzem schon länger, so hat sich am Anfang der Therapie eine Einzeldosis *Sulfur D30* bewährt.
Ist das Ekzem akut, so beginnt man im nässenden Stadium entsprechend den Symptomen wie beim Leckekzem mit *Hepar sulfuris* oder *Mercurius solubilis.* Bei Pusteln kann man auch *Rhus toxicodendron D6* versuchen.

Liegt eine eher hellrote, ödematöse Schwellung der Haut zwischen 2 Zehen vor, so gibt man *Apis D4*, 3× täglich 1 Dosis.
Die äußerliche Behandlung erfolgt mit »*Calendula Extern*«, *Hypericum-Öl*, evtl. auch gut gepolsterten Verbänden mit *Calendula-Salbe* oder *Lebertransalbe*. Wichtig ist das Abwaschen der Pfoten nach dem Spaziergang, damit Sand- und Schmutzreste keinen Anlaß zum Lecken geben können.

Warzen

Warzen kommen bei vielen Hunden im Alter vor, besonders häufig bei Pudeln, Boxern, Cokker-Spanieln. Sie sind im allgemeinen harmlos, so lange man nichts an ihnen tut. Oft jedoch stören sie beim Bürsten, führen zu Bindehautentzündung, wenn sie am Auge auftreten, oder verursachen Juckreiz. Wenn der Hund daran kratzt oder leckt, können sie schnell größer werden oder aufgehen und bluten.
Folgende »Warzenmittel« haben sich beim Hund für die innerliche Anwendung bewährt:

Thuja

Thuja occidentalis, der Abendländische Lebensbaum: Die Warzen sind meist dunkel, blumenkohlartig oder mit höckriger Oberfläche, sie neigen zu Blutungen.
Dosierung: *Thuja D1*, 2× täglich 1 Dosis für 14 Tage, dann *Thuja D6* oder *Thuja D15*, 1× täglich 1 Dosis.
Man kann zusätzlich auch *Thuja extern*, nach Anweisung verdünnt, anwenden.

Causticum

Causticum-Warzen sind mehr glatt, hart und verhornt. In diesen Bereich gehört auch die Wulstbildung des Knorpels im Gehörgang.
Dosierung: *Causticum D12* oder *D30*, 1× täglich 1 Dosis.

Staphisagria

Delphinium staphisagria, das Stefanskraut, wird angewandt für kleine, höckrige Warzen, die stark jucken und zu Blutungen neigen, meist im Bereich von Augenlid oder After, bei sehr empfindlichen und nervösen Tieren.
Dosierung: *Staphisagria D6*, 2× täglich 1 Dosis, oder *D30* 2× pro Woche.

Fahrkrankheit

Unter Fahrkrankheit versteht man die beim Autofahren unserer Hunde auftretenden Unverträglichkeiten, wie Speicheln, Erbrechen, Zittern oder Unruhe. Man beobachtet die Erkrankung meist bei Welpen oder Junghunden und sollte diese daher langsam an das Autofahren gewöhnen und zunächst nur kleine Strekken fahren. Es empfiehlt sich, evtl. nach Hause zu laufen oder einen kleinen Spaziergang anzuschließen, damit der Hund angenehme Dinge (und nicht nur die Fahrt zum Tierarzt) mit dem Autofahren in Verbindung bringt. Es ist sinnvoll, die Hunde mindestens 2 Stunden vorher nicht zu füttern.
Folgende homöopathische Arzneimittel haben sich bewährt:

Cocculus

Amirta cocculus, die Kockelskörner, Früchte einer Schlingpflanze, die u.a. in Vorderindien heimisch ist.
Hunde, die *Cocculus* brauchen, sitzen ganz ruhig im Auto und vermeiden jede Änderung der Lage. Sie speicheln schon nach kurzer Zeit,

Abb. 21. Dieser Samojede hat offensichtlich keine Probleme mit dem Autofahren (Foto: Prenzel-IFA)

und herhüpfen, scheinbar Platzangst haben, sich wie wild gebärden. Erbrechen und Kotabsatz sind möglich.
Dosierung: *Nux vomica D30,* ca. 1 Stunde vor Fahrtbeginn.

Führen beide Mittel nicht zum Erfolg und zeigt der Hund eine große Schwäche während der Fahrt, so kann man auch *Tabacum D6,* 1 Dosis 2 Stunden und unmittelbar vor der Fahrt, versuchen.

Behandlung der Hündin

Die Behandlung der Hündin mit Störungen der Läufigkeit, Fruchtbarkeitsstörungen, Scheidenentzündungen, in der Trächtigkeit, vor und nach der Geburt, bei Milchmangel und Gesäugeentzündung ist vor allem für Züchter von großer Bedeutung.
Auch hier bietet die Homöopathie mit ihren regulierenden, die Funktion steigernden und ausheilend wirkenden Arzneimitteln ein vielfältiges Anwendungsgebiet.

Fruchtbarkeitsstörungen, Störungen der Läufigkeit

Pulsatilla

Pulsatilla pratensis, die Wiesenküchenschelle, hat sich bewährt für Hündinnen mit verlängerter Läufigkeit, die infolge eines verzögerten

lassen den Kopf hängen, man sieht ihnen die Übelkeit an. Bald folgt das Erbrechen. Steigen sie aus dem Auto aus, gehen sie zunächst etwas schwankend oder steif, erholen sich dann aber schnell.
Dosierung: *Cocculus D6,* 1 Dosis 2 Stunden und unmittelbar vor der Fahrt, evtl. wiederholen, wenn die Fahrt länger als 2 Stunden dauert. Man kann *Cocculus* auch einige Tage lang 2× täglich 1 Dosis geben und dann nochmals vor der Fahrt. In den meisten Fällen kann man die Fahrkrankheit ausheilen, und das Arzneimittel wird nicht mehr gebraucht.

Nux vomica

Nux vomica, die Brechnuß, ist angezeigt, wenn die Tiere im Auto ängstlich und unruhig hin-

Eisprunges schlecht aufnehmen. Sie neigen auch zu Scheidenentzündung, die Abstände zwischen den Läufigkeiten sind verlängert oder unregelmäßig.
Dosierung: *Pulsatilla D4*, möglichst schon zu Beginn der Läufigkeit 2× täglich 1 Tablette.
Die Läufigkeit bildet sich besser aus, die Eisprungphase mit Nachlassen der Blutung ist deutlicher zu erkennen. Kontrolle des Decktermins durch einen Scheidenabstrich beim Tierarzt ist dennoch empfehlenswert.
Man kann auch bei Nachlassen der Blutung, also kurz vor dem Eisprung, diesen fördern, indem man bei großen Hunden für 1–2 Tage 2× täglich 2 Tabletten, bei kleinen Hunden entsprechend nur die halbe Dosis gibt. Bei älteren Hündinnen, die zur Gebärmutterentzündung neigen, oder Hündinnen, die zur Scheinträchtigkeit neigen, gibt man *nach* der Läufigkeit 1× täglich 1 Dosis *Pulsatilla D4* für 3–4 Wochen und erreicht somit eine bessere Regulation und Stabilität nach der Läufigkeit.
Evtl. kann man bei älteren Hündinnen auch *Pulsatilla* mit *Aristolochia* kombinieren (s. dort).

Aristolochia

Aristolochia clematitis, die Osterluzei, wirkt regulierend auf Eierstöcke und Gebärmutter besonders bei älteren Hündinnen. Man gibt es Hündinnen, die nach der Läufigkeit zu bräunlichem Ausfluß neigen, trotz gut ausgebildeter Läufigkeit schlecht aufnehmen oder nur wenige Welpen bringen. Meist liegt eine Veränderung der Gebärmutterschleimhaut vor, die aus einer nicht ausgeheilten Entzündung nach der letzten Geburt oder nach der letzten Läufigkeit stammt. Diese kann man mit *Aristolochia* zur Ausheilung bringen und so für die nächste Läufigkeit eine bessere Fruchtbarkeit erwarten.
Dosierung: *Aristolochia D15,* 1× täglich für 2–3 Wochen.

Apis

Apis mellifica, die Honigbiene, wird angewandt, wenn Hündinnen alle 3 bis 4 Monate läufig werden, sich unruhig und übermäßig selbstbewußt gebärden und man annehmen muß, daß vielleicht eine Zyste an einem Eierstock vorliegt. Die Hündin läßt sich zwar decken, nimmt aber nicht auf.
Dosierung: *Apis D30* als Einzeldosis zwischen und gleich bei Beginn der Läufigkeit. Während der Läufigkeit dann *Pulsatilla D4* wie oben beschrieben.

Scheidenentzündung (Vaginitis)

Eine Scheidenentzündung bei der Hündin erkennt man an dem mehr oder weniger deutlichen Ausfluß aus der Scheide. Der Ausfluß kann wäßrig, schleimig, eitrig oder blutig sein. Er darf nicht mit der Läufigkeit verwechselt werden, bei der zusätzlich ja die Anschwellung der äußeren Schamlippen (Vulva) zu erkennen ist.
Am Ausfluß selbst kann man oft nicht sehen, ob es sich um einen Scheidenausfluß oder einen Ausfluß aus der Gebärmutter handelt. Letzterer ist Anzeichen einer meist eitrigen Gebärmutterentzündung, die eine ernstzunehmende Erkrankung darstellt, weshalb jeder Ausfluß einer tierärztlichen Untersuchung bedarf. Häufig treten Scheidenentzündungen zusammen mit einer Blasenentzündung auf, was bei der Arzneimittelwahl berücksichtigt werden muß.

Pulsatilla

Die Vaginitis bei *Pulsatilla* ist wenig schmerzhaft, die Hündinnen zeigen keine Störung des Allgemeinbefindens. Der Ausfluß ist gelblich oder gelblich-grünlich und nicht wundmachend. Man sieht die Eitertröpfchen austreten, wenn die Hündin liegt oder aufsteht. Die Scheidenent-

zündung halbwüchsiger Hündinnen, die noch gar nicht läufig waren, kann man sehr gut mit *Pulsatilla* behandeln, ebenso die Vaginitis während oder nach der Läufigkeit.
Dosierung: *Pulsatilla D4*, 2× täglich 1 Dosis für ca. 1–2 Wochen.

Mercurius solubilis

Mercurius solubilis findet Anwendung bei Scheidenentzündungen mit starker Rötung. Beim Spreizen der Schamlippen sind eine starke Rötung und kleine Geschwüre zu sehen. Der Ausfluß ist mehr schleimig oder weißlich. Meist besteht gleichzeitig eine Blasenentzündung.
Dosierung: *Mercurius solubilis D8*, 2× täglich 1 Dosis für 1–2 Wochen.

Apis

Apis kommt zur Anwendung, wenn auf der Scheidenschleimhaut kleine Bläschen zu sehen sind und die Schleimhaut insgesamt aufgedunsen, geschwollen erscheint und sehr schmerzempfindlich ist.
Dosierung: *Apis D4*, 2× täglich 1 Dosis für 1–2 Wochen.

Aristolochia

Ist nicht klar zu erkennen, ob es sich um eine Vaginitis oder eine beginnende Gebärmutterentzündung handelt, oder fürchtet man nach der Läufigkeit bei einer bestehenden Vaginitis das Aufsteigen der Infektion, so gibt man *Aristolochia D15*, 1× täglich 1 Dosis, evtl. auch kombiniert mit *Pulsatilla D4*.

Die trächtige Hündin

Die Trächtigkeitsdauer bei der Hündin beträgt ca. 60–65 Tage. (Kleine Hunderassen tragen etwas kürzer.) Während der Trächtigkeit ist es wichtig, die Hündin nicht vorzeitig zu stark zu füttern, da sie sonst unnötig Fettgewebe ansetzt und bei der Geburt oft Schwierigkeiten hat.
Das gewohnte, abwechslungsreiche Futter reicht zunächst aus, erst im letzten Drittel der Trächtigkeit kann man langsam die Ration etwas erhöhen.
Will man während der Trächtigkeit schon etwas für die Hündin und die Welpen tun, ist die Hündin vielleicht schon älter oder waren die Welpen bei der letzten Geburt lebensschwach, hatte man in den ersten Wochen mit Durchfall oder sonstigen Krankheiten zu kämpfen, so empfiehlt sich eine sogenannte *Eugenische Kur*, um eine bestmögliche Entwicklung der Welpen im Mutterleib zu erreichen und auch die Hündin im bestmöglichen Zustand zur Geburt zu bringen.
Bei der Hündin hat sich die Verabreichung einer Einzeldosis *Sulfur D200* 2 Wochen nach dem Decken und etwa 1 Woche vor der Geburt bewährt. Es ist wichtig, daß diese Hochpotenz direkt in die Lefzenschleimhaut, evtl. nur in Wasser aufgelöst, zwischen den Mahlzeiten gegeben und *nicht* mit Futter vermischt wird.
Ist der Bestand stark verwurmt, so sollte man die Entwurmung kurz vor der Geburt nach Maßgabe des Tierarztes nicht vergessen.

Vor der Geburt

Ist die Hündin vor der Geburt und will man ihr die Geburt erleichtern, so kann man folgende Arzneimittel anwenden:
Ca. 1 Woche vor dem zu erwartenden Geburtstermin gibt man *Pulsatilla D4*, 2× täglich 1 Dosis. Man erreicht damit eine bestmögliche Vorbereitung, d.h. Erweiterung des sogenannten weichen Geburtsweges (Gebärmutterhals, Scheide und Schamlippen).
Pulsatilla greift regulierend und fördernd in die

Abb. 22. Noch hechelt die Hündin erschöpft. Gerade ist die Geburt überstanden (West Highland White Terrier; Foto: Bruin)

Geburtsvorbereitung ein. Die Hündinnen werfen leichter und in kürzerer Zeit, sie neigen weniger zu Gebärmutterentzündung im Anschluß an die Geburt. Man gibt *Pulsatilla* daher gern bei Erstlingshündinnen und bei Hündinnen, die bei der letzten Geburt Schwierigkeiten hatten, ihre Welpen in langen Abständen bekamen und sich nachher nur langsam erholten.

Bei Hündinnen, die zu Wehenschwäche neigen, gibt man 1–2 Tage vor und während der Geburt zusätzlich ein weiteres Mittel, nämlich *Caulophyllum*, die Frauenwurzel oder der Blaue Hahnenfuß.

Caulophyllum D4 fördert den Beginn, den Ablauf der Geburt und die Wehentätigkeit, ohne daß es zur Gefährdung von Mutterhündin oder Welpen kommen kann wie bei den herkömmlichen sogenannten Wehenspritzen.

Man kann den Beginn der Geburt durch Kontrolle der Körpertemperatur feststellen. Die normale Körpertemperatur beim Hund liegt zwischen 38,0° und 39,0°C. Wenn man etwa ab dem 58. Tag der Trächtigkeit morgens und abends die Körpertemperatur im After mißt, weiß man die Normalwerte der Hündin. Kurz vor der Geburt *sinkt* die Körpertemperatur um mehr als 0,5° und unter 38,0°. Nach diesem deutlichen Temperaturknick muß innerhalb von 12–24 Stunden die Geburt beginnen, d.h., man sollte den Abgang des grünlich-schwarzen Fruchtwassers oder Wehentätigkeit beobachten können. Mit Absinken der Körpertemperatur ist auch der Zeitpunkt gekommen für die Verabreichung von *Caulophyllum*, wie oben beschrieben.

Während der Geburt

Zur Steigerung der Wehentätigkeit bzw. Förderung der Geburt selbst gibt man während der Geburt *Caulophyllum D4*, je nach Ablauf alle 30–60–120 Minuten 1 Dosis. Tritt eine Verzögerung zwischen 2 Welpen von mehr als 2 Stunden ein, preßt die Hündin mehr als 1 Stunde, ohne daß der Welpe erscheint, oder ist man nicht sicher, ob die Geburt beendet ist, so ist auf jeden Fall ein Tierarzt aufzusuchen. Er kann feststellen, ob es sich um eine ernsthafte Störung, um eine Verzögerung oder um eine bereits beendete Geburt handelt.

Die Welpen sollten möglichst frühzeitig an die Mutterhündin angelegt werden, ruhig noch vor Beendigung der Geburt. Das Saugen der Welpen fördert nämlich die Wehentätigkeit und auch den Abgang noch etwa vorhandener Nachgeburtsteile.

Nach der Geburt

Nach der Geburt sollte die Körpertemperatur der Hündin in den ersten Tagen kontrolliert werden. Steigt sie über 39,5 °C, so liegt eine Veränderung vor, und man sollte abklären lassen, ob es sich um eine beginnende Infektion handelt oder ob sich evtl. noch Nachgeburtsteile oder gar ein abgestorbener Welpe in der Gebärmutter befindet. Das gilt auch für Hündinnen, die nach der Geburt nicht aufstehen wollen, die Futteraufnahme verweigern, sich nicht um die Welpen kümmern, diese nicht trinken lassen oder einen stinkenden Lochialfluß haben.

Bei verbliebener Nachgeburt oder Gebärmutterentzündung haben sich folgende Mittel bewährt:

<u>Sabina</u>

Juniperus sabina, der Sadebaum. Das Mittel fördert den Abgang von Nachgeburts- und Gewebsresten und von eitrigem Sekret und damit die Abheilung und Rückbildung der Gebärmutterschleimhaut.

<u>Dosierung: *Sabina D6*, 2× täglich 1 Dosis für ca. 3–8 Tage.</u>

<u>Lachesis</u>

Bei Fieber über 40,0 °C, also einer Allgemeininfektion mit gestörter Futteraufnahme usw. hat sich die Kombination von *Sabina* mit *Lachesis* in der *D8*, 2× täglich 1 Dosis, ebenfalls für 3–8 Tage bewährt.

<u>Aristolochia</u>

Liegt eine Gebärmutterentzündung oder mangelnde Rückbildung der Gebärmutter vor, so gibt man *Aristolochia D15*, 1–2× täglich 1 Dosis. Das Mittel hat eine stark entzündungshemmende und heilende Wirkung auf den gesamten Geburtsweg. In schweren Fällen hat sich auch die Kombination von *Lachesis*, *Sabina* und *Aristolochia* bewährt.

Gesäugeentzündung (Mastitis)

Die Gesäugeentzündung der Hündin tritt meist in den ersten 4 Wochen nach der Geburt, nach vorzeitigem Absetzen der Welpen, aber auch spontan nach oder zwischen den Läufigkeiten auf. Man erkennt sie an der Schwellung, Rötung, Hitze und Schmerzempfindlichkeit einzelner oder mehrerer Gesäugekomplexe. Die Erkrankung kann mit oder ohne Fieber und Allgemeinstörungen verlaufen.

Abb. 23. Ab einem bestimmten Alter saugen Welpen großer Hunderassen im Stehen (Hovawart; Foto: Blasius)

Verläuft die Gesäugeentzündung mit Fieber, so ist eines der Infektions- und Fiebermittel, meist *Lachesis* oder *Belladonna,* angezeigt und dann zusätzlich ein passendes Mittel für die Gesäugeveränderungen zu geben. Die Mastitis der Hündin ist immer eine ernst zu nehmende, nicht ganz einfach zu behandelnde Erkrankung, da sich das eitrige bzw. veränderte Sekret nicht einfach abmelken läßt. Es muß vom Körper abgebaut und resorbiert werden, nur in wenigen Fällen kommt es zu Abszeßbildung und Abfluß nach außen.
Folgende Mittel haben sich bei der Hündin bewährt:

Phytolacca

Phytolacca decandra, die Kermesbeere, ist das wichtigste Mittel für Gesäugeentzündungen. Die Drüse ist verhärtet, angeschwollen und schmerzhaft, oft auch vermehrt warm. Das Gewebe fühlt sich hart an mit strangartigen Verdickungen. *Phytolacca* ist Basismittel für Gesäugeentzündungen mit und ohne Fieber.
Dosierung: *Phytolacca D 6* oder *D 12,* 2–4×täglich 1 Dosis.

Apis

Apis mellifica, das Arzneimittel aus der Honig-

biene, kommt dann zur Anwendung, wenn nur einzelne Gesäugekomplexe (um eine Zitze herum) stark geschwollen, heiß und äußerst schmerzhaft sind. Das Gewebe hat eine teigige Konsistenz. Kalte Umschläge werden gern geduldet.
Dosierung: *Apis D3, 2–4× täglich 1 Dosis.*

Asa foetida

Asa foetida, der Stinkasant, wird angewandt, wenn die Gesäugeentzündung äußerst schmerzhaft ist und die Tiere sich kaum am Gesäuge anfassen lassen. Die betroffenen Drüsenkomplexe sind zwar verhärtet, aber nur wenig warm und keineswegs so stark geschwollen wie beim *Apis*-Bild. Die Verhärtung ist jedoch sehr hartnäckig, und man gibt *Asa foetida*, um den Abbau der Entzündung und Verhärtung zu fördern.
Meist kombiniert man das Mittel mit *Phytolacca*, bei Fieber auch mit *Lachesis*.

Mercurius solubilis

Mercurius solubilis ist das Mittel für die nicht mehr ganz frische Mastitis und vor allem ein Mittel für die Mastitis, die außerhalb der Säugezeit auftritt. Das Drüsengewebe ist schmerzhaft und weist knotige Verhärtungen auf. Man gibt *Mercurius* oft im Anschluß an *Phytolacca*.
Dosierung: *Mercurius solubilis D8, 2–3× täglich 1 Dosis für 1–2 Wochen.*

Conium

Conium maculatum, der Gefleckte Schierling, ist ein Mittel zur Nachbehandlung einer Mastitis, wenn kleinknotige Verhärtungen zurückgeblieben sind, wie es manchmal auch nach Scheinträchtigkeit der Fall ist.
Dosierung: *Conium D4, 1–2× täglich 1 Dosis für 2–3 Wochen.*

Milchmangel

Der Milchmangel der Hündin nach der Geburt beruht meist auf einer Störung in der Nachgeburtsphase oder einer Erkrankung der Gebärmutter. Diese ursächlichen Zusammenhänge müssen unbedingt abgeklärt und gegebenenfalls entsprechend behandelt werden.
Milchbildung und Milchfluß kann man mit folgenden Mitteln fördern:

Pulsatilla

Pulsatilla greift auch nach der Geburt regulierend in die physiologischen Vorgänge ein. Das Mittel fördert die Abheilung und Rückbildung der Gebärmutter. Besonders bei jungen Hündinnen, die zum erstenmal geworfen haben und noch etwas ängstlich sind oder eine schwierige, langdauernde Geburt hatten, fördert *Pulsatilla* auch die Bildung der Milch.
Dosierung: *Pulsatilla D4, 2–3× täglich 1 Dosis.*

Phytolacca

Phytolacca hat bei mangelnder Säugeleistung auch eine die Milchbildung fördernde Wirkung auf das Gesäuge. Man wählt hierbei allerdings eine niedrigere Potenz, bewährt hat sich die D3.
Dosierung: *Phytolacca D3, 2–3× täglich 1 Dosis.*

Agnus castus

Vitex agnus castus, der Keuschlamm oder Mönchspfeffer, steigert die Milchbildung, wenn diese ca. 2–3 Wochen nach der Geburt ohne ersichtlichen Grund nachläßt.
Dosierung: *Agnus castus D4, 2× täglich 1 Dosis für einige Tage.*

Milchstau

Der Milchstau, die nicht entzündliche Anschwellung und Verhärtung des Gesäuges, entsteht beim Absäugen, wenn die Welpen vorzeitig von der Mutter wegkommen, aber auch wenn Welpen bei oder nach der Geburt gestorben sind.

Um die Milchproduktion zu hemmen oder wenigstens nicht weiter zu fördern, hat sich Futterentzug und Spazierengehen mit der Hündin bewährt. Die Flüssigkeitszufuhr darf bei der Hündin *nicht* eingeschränkt werden.

Für die Rückbildung des Gesäuges und gleichzeitig vorbeugend gegen Entzündung wirkt *Phytolacca D1*, 2–3× täglich 1 Dosis.

Wichtig ist die Wahl der richtigen Potenz, der *D1*, weil nur in dieser Potenz *Phytolacca* hemmend auf die Milchbildung wirkt!

Hängegesäuge

Bei Hündinnen großer Hunderassen, die viele Welpen aufgezogen haben und viel Milch hatten, bildet sich nach dem Absäugen oft zwar das Drüsengewebe zurück, es bleiben aber ein schlaffes, hängendes Gesäuge oder hängende Zitzen zurück. Ursache hierfür ist eine Bindegewebsschwäche bzw. die fehlende oder verlorengegangene Elastizität des Bindegewebes. Wenn man mit dem Behandlungsbeginn nicht zu lange wartet, kann man das Hängegesäuge oft noch sehr schön zur Rückbildung bringen mit folgenden Mitteln:

Abb. 24. Phytolacca decandra, die Kermesbeere, ein Mittel für Drüsenerkrankungen, besonders der Milchdrüse (Foto: DHU)

Sepia

Sepia, der Tintenfisch, hat sich besonders bei schon etwas älteren Hündinnen bewährt, die durch die Geburt ausgelaugt, verbraucht und lustlos erscheinen. Zitzen und Gesäuge hängen lang herunter. Sepia wirkt hier nicht nur auf das Bindegewebe, sondern auch auf den gesamten Genitalbereich reaktivierend ein, was für evtl. spätere Trächtigkeiten wichtig ist.
Dosierung: *Sepia D 6*, 2× täglich 1 Dosis, für ca. 2 Wochen.

Silicea

Silicea, die Kieselsäure, wirkt als Bindegewebsmittel auch bei entsprechenden Veränderungen am Gesäuge kräftigend und straffend. *Silicea* nimmt man mehr für jüngere, eher schwächliche Hündinnen, besonders bei kleinen Hunderassen.
Dosierung: *Silicea D 12*, 1–2× täglich 1 Dosis für ca. 2 Wochen.

Scheinträchtigkeit (Lactatio falsa)

Die Scheinträchtigkeit bei der Hündin entwickelt sich ca. 4–6–8 Wochen nach der Läufigkeit. Sie ist in geringem Umfang im Zyklusgeschehen jeder Hündin hormonell gegeben. Von einer Scheinträchtigkeit spricht man daher erst dann, wenn es zur übermäßigen Anbildung des Gesäuges mit Milchsekretion oder zu gestörten Verhaltensweisen kommt. Die Scheinträchtigkeit kann 2–3–4 Wochen andauern.
Folgende Mittel haben sich bewährt:

Phytolacca D 1

Bei stark angeschwollenem, hartem, gestautem Gesäuge gibt man, wie zum Absäugen, *Phytolacca D 1*, 2× täglich 1 Dosis für ca. 2 Wochen.

Das Gesäuge muß schon nach wenigen Tagen weicher werden und beginnende Rückbildung festzustellen sein.

Pulsatilla

Ist das Gesäuge deutlich angebildet, aber nicht verhärtet oder gestaut, wie zuvor beschrieben, ist die Hündin zudem in dieser Zeit besonders anschmiegsam und liebebedürftig, so gibt man *Pulsatilla*. Man erreicht damit einen schnelleren Ablauf der physiologischen, hormonellen Vorgänge und damit eine Abkürzung der Scheinträchtigkeitsphase.
Dosierung: *Pulsatilla D 4*, 2× täglich 1 Dosis für ca. 2 Wochen.
Man kann mit *Pulsatilla D 4* auch vorbeugend schon 2 Wochen nach Beendigung der Läufigkeit beginnen, um Ausmaß und Dauer der Scheinträchtigkeitsphase zu verringern.

Causticum

Auch *Causticum* hat sich bei der Behandlung der Scheinträchtigkeitsphase bewährt, wenn das Gesäuge zwar mäßig angebildet ist, aber nicht dem *Phytolacca*-Bild entspricht. Die Hündin ist etwas launisch und paßt nicht zum vorher beschriebenen *Pulsatilla*-Bild.
Dosierung: *Causticum D 30*, 1–2× pro Woche 1 Dosis.

Ignatia

Strychnos ignatia, die Ignatiusbohne, ist ein mehr auf die Psyche wirkendes Arzneimittel. Man gibt es Hündinnen, bei denen das Gesäuge nicht oder nur wenig angebildet ist, die aber mit ihrem gestörten Verhalten ihre Besitzer und auch sich selbst zur Verzweiflung bringen. Etwa 50–60 Tage nach der Läufigkeit, wenn bei einer gedeckten Hündin die Geburt bald zu erwarten wäre, zeigen sie Nestbauverhalten, scharren

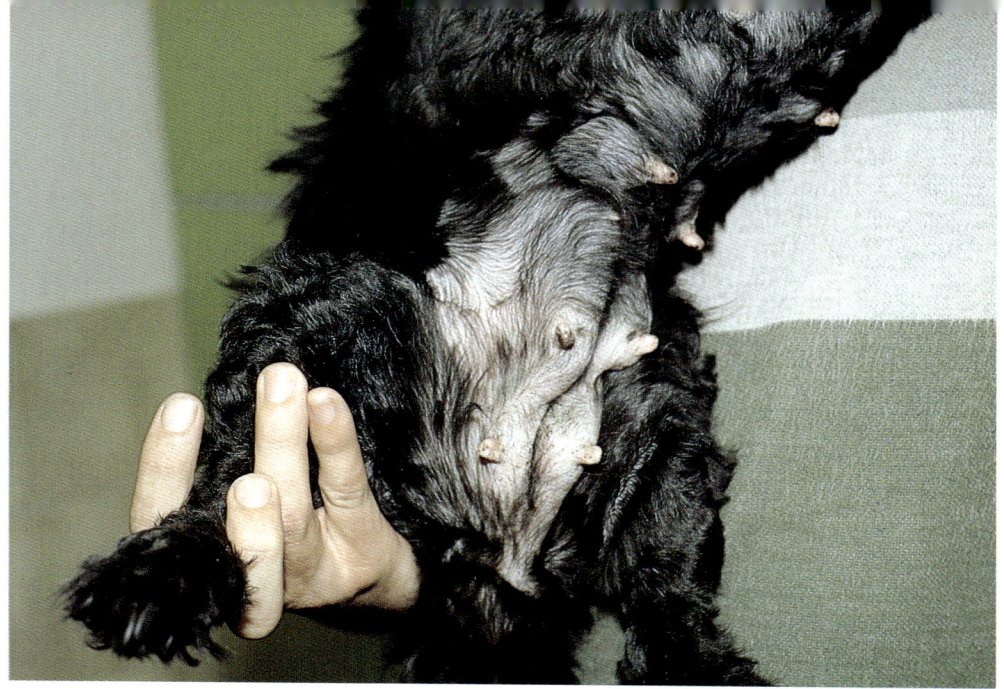

Abb. 25. Scheinträchtige Hündin. Das Gesäuge ist deutlich angebildet. Bei Verhärtung und zur Rückbildung: Phytolacca D1 (Foto: Rakow)

und kratzen in ihrem Korb, holen sich eine kleine Plastikpuppe oder sonst einen Gegenstand, nehmen ihn mit in den Korb und lassen sich von dort kaum noch wegbewegen. Ein leises Jammern und Wimmern und unruhiges Kratzen in der Nacht läßt unerfahrene Besitzer zunächst an eine akute, äußerst schmerzhafte Erkrankung glauben. In Wirklichkeit empfinden diese Tiere Geburt und Welpenpflege in übersteigerter Form nach.

Mit *Ignatia* lassen sich diese Verhaltensweisen auf ein erträgliches Maß verringern und vor allem abkürzen. Man sollte trotz des Widerstandes der Hündin diese zum Spazierengehen bringen, um sie abzulenken. Das Entfernen der Puppe bringt nicht immer den gewünschten Erfolg, da bei der Suche danach die Hündin sich erneut in ihren Kummer hineinsteigert und manchmal auch einen anderen »Ersatzwelpen« nimmt.
Dosierung: *Ignatia D30*, 1–2× pro Woche.

Erschöpfung und Fellstörung nach der Geburt

Hündinnen, die nach der Geburt bzw. nach dem Absetzen der Welpen durch eine hohe Säugeleistung und viele Welpen körperlich sehr erschöpft sind, gibt man *China D4*, 2× täglich 1 Dosis für ca. 2 Wochen.

Erscheint die Hündin nicht nur körperlich, sondern auch psychisch durch die Welpen strapaziert, sieht sie durch einen verlängerten oder nur teilweisen Haarwechsel schlecht aus, so gibt man *Acidum phosphoricum D6* oder *D8*, 2× täglich 1 Dosis, ebenfalls für 1–2 Wochen. Bei Hündinnen, die normalerweise sehr temperamentvoll und lebhaft sind, hat sich auch *Phosphorus D8*, 2× täglich 1 Dosis für 1–2 Wochen bewährt. Man kann auch *Phosphorus D30*, 2× im Abstand von 1 Woche als Einzeldosis geben.

Behandlung von Welpen

Die Behandlung von Welpen erfolgt im allgemeinen nach den gleichen Kriterien und mit den gleichen Mitteln wie für erwachsene Hunde beschrieben. Einige Mittel jedoch haben sich bei Welpen und Junghunden besonders bewährt und werden daher gesondert dargestellt.

Calcium carbonicum

Calcium carbonicum Hahnemannii ist das Welpenmittel Nr. 1 in der Homöopathie. Es fördert die Entwicklung und das Wachstum der Knochen und wirkt regulierend bei vielen Verdauungsstörungen und beim Welpenekzem.
Man kann *Calcium carbonicum D30* als einmalige Gabe den Welpen am ersten Lebenstag auf die Zunge geben (1 Globulus pro Welpe), um so die Abwehrkräfte zu steigern und Infektionen vorzubeugen.
Gelbliche, säuerlich riechende Durchfälle, wie sie beim Zufüttern oder bei künstlicher Ernährung auftreten, behandelt man sehr erfolgreich mit *Calcium carbonicum D12*, 1–2× täglich 1–3 Globuli oder ½ Tablette, je nach Größe der Tiere. Wichtig ist, daß die Welpen noch Nahrung aufnehmen und bei gutem Allgemeinbefinden sind, sonst wären andere Mittel angezeigt. Durch die rechtzeitige Gabe von *Calcium carbonicum* kann man diese Durchfälle oft verhindern. Etwa ab dem Alter von 10–12 Wochen sollte man regelmäßig ½ bis 1 Dosis *Calcium carbonicum D12* pro Tag geben, um in der Wachstumsphase die bestmögliche Entwicklung zu erreichen. *Calcium carbonicum* dient dabei nicht als Kalkersatz, sondern fördert den physiologischen Einbau der mit dem Futter aufgenommenen Mineralstoffe.
Welpen, die dem *Calcium-carbonicum*-Bild ganz entsprechen, erscheinen auf den ersten Blick äußerst kräftig und wohlgenährt. Sie sind anhänglich, nicht zu lebhaft und zunächst unbekümmert. Ein großer Hängebauch deutet auf eine Bindegewebsschwäche hin, auch am Brustkorb haben sie »viel Haut«. Welpen großer Hunderassen haben dicke Wachstumsknoten und treten in den Gelenken der Pfoten durch. Wenn sie etwas größer sind, neigen sie zu Erkältungen und Infektionen der Atemwege. Man muß aufpassen, daß sie nicht zu schnell wachsen, sonst können die schwachen Bänder und Sehnen die dicken, aber keineswegs festen Knochen nicht halten. Sie werden relativ spät sauber und bleiben überhaupt sehr lange welpenhaft. Auch das Welpenfell geht spät und nur zögernd aus. Sie neigen dann zu Schuppenbildung und dem bei den Hautkrankheiten beschriebenen Welpenekzem am Unterbauch.
Sie haben immer Hunger, essen nahezu alles, haben eine Vorliebe für rohe oder gekochte Eier und knabbern und fressen auch Unverdauliches, wie Sand, Erde, Lehm, Mörtel.
Dosierung: *Calcium carbonicum D12*, je nach Alter und Größe 1× täglich ½ bis 1 Dosis, bei immer wiederkehrenden Infektionen oder bei Störungen im Knochenbau auch D30, 1× 1 Dosis pro Woche.

Calcium phosphoricum

Calcium phosphoricum, das Calciumphosphat, ist ein Mittel für Welpen, die eher zartgliedrig, straff, ängstlich und nervös sind: Sie sind meist

Abb. 26. Calcium-carbonicum-Welpen (hier Neufundländer-Leonberger -Mischung): tapsig, anhänglich, liebenswert, mit starken Knochen, Hängebauch, »viel Haut« (Foto: Krämer-Vogeler)

schon über 12–14 Wochen alt. Auch sie können Störungen im Wachstum zeigen, ihre Knochen sind jedoch eher zart und zerbrechlich. Im Gegensatz zum immer hungrigen *Calcium-carbonicum*-Hund sind *Calcium-phosphoricum*-Hunde eher schlechte Fresser, die vor allem den Zusatz von Haferflocken nicht mögen.
Dosierung: *Calcium phosphoricum D6, 2×* täglich ½ oder 1 Dosis.

Blähungen, Schluckauf der Welpen

Blähungen nach der Futteraufnahme werden oft durch Darmparasiten, wie Spulwürmer oder Coccidien, hervorgerufen und müssen durch eine Kotuntersuchung abgeklärt bzw. entsprechend behandelt werden.
Bei Futterunverträglichkeit oder Neigung zu Blähungen aus unbekannter Ursache kommen folgende Mittel in Frage:

Calcium carbonicum

Besonders bei Blähungen und säuerlich riechendem Durchfall.
Dosierung: *D12,* zur Mahlzeit ½ Dosis.

Chamomilla

Chamomilla, die Kamille, gibt man, wenn nach der Futteraufnahme bei sehr kleinen Welpen schmerzhafte Blähungen auftreten, ohne daß sonstige Verdauungsstörungen (Verstopfung oder Durchfall) beobachtet werden können. Die Welpen quietschen, wenn man sie anfaßt.

Dosierung: *Chamomilla D2*, 1–2 Globuli zur Mahlzeit.

Magnesium phosphoricum

Magnesium phosphoricum ist nicht nur das Mittel für hartnäckige oder wiederkehrende, säuerlich riechende und wundmachende Durchfälle von Junghunden (s. Kapitel Durchfall, S. 52 ff.), sondern auch das Mittel für Welpen, die ständig unter Schluckauf leiden.
Dosierung: *Magnesium phosphoricum D8*, 2× täglich bzw. zur Mahlzeit ½ Dosis.

Verstopfung bei Welpen

Verstopfung kommt bei Welpen bei künstlicher Aufzucht mit nährstoffreicher Milch vor, wenn die Welpen die Aufzuchtmilch gut aufnehmen. Es kommt zur Dysregulation zwischen der aufgenommenen Nahrungsmenge und der Darmtätigkeit. Oft fehlen die Brutpflege und das Lecken der Hündin, das normalerweise den Kotabsatz der Welpen auslöst.
Die Welpen bekommen einen dicken, harten Bauch, sie quietschen vor Schmerzen, wenn man sie anfaßt. Sie haben Blähungen. Unternimmt man nichts, so kommt es zur Intoxikation (Vergiftung) der Leber.
Diese Welpen mit übermäßiger Nahrungsaufnahme und Spasmen im Darm entsprechen somit dem Arzneimittelbild von *Nux vomica*.
Dosierung: *Nux vomica D6*, 2–4× täglich 1–3 Globuli auf die Zunge geben.
Eine Besserung muß innerhalb von Stunden eintreten.
Zusätzlich muß man einige Mahlzeiten durch Tee ersetzen. Bewährt hat sich eine Mischung von Kümmeltee (1 flacher Teelöffel Kümmel auf ½ Liter kochendes Wasser) und Kamillentee.

Vorbeugend bei künstlicher Aufzucht hat sich die Gabe von *Calcium carbonicum D12*, 1× täglich 2–4 Globuli, und 1× täglich *Nux vomica D6*, 2–4 Globuli, bewährt.

Aufzucht von Welpen

Für die Aufzucht von Welpen ist die richtige Zusammensetzung und Menge eines artgerechten Futters von größter Bedeutung. Besonders Welpen großer Hunderassen, die in wenigen Monaten ein Vielfaches ihres Geburtsgewichts erreichen, haben im Wachstum zunehmend Schwierigkeiten mit Knochenbau und Bänderfestigkeit. Die im Handel befindlichen Fertigfutter enthalten zwar alle Nahrungsstoffe, sie sind jedoch häufig zu konzentriert und leicht verdaulich gemacht. Wird dann dem vitaminisierten Futter noch viel Kalk und Lebertran zugesetzt, so schießen die Welpen bei entsprechender Veranlagung zu schnell in die Höhe. Der Einbau der für die Festigkeit von Knochen und Bändern notwendigen Stoffe kann nicht schnell genug erfolgen; es treten die gefürchteten Störungen im Knochenstoffwechsel (Dystrophien) und hochgradiges Durchtreten und Bänderschwäche auf, die die Tiere für Leistung oder Zucht unbrauchbar oder für immer krankheitsanfällig machen. Da die einzelnen Hunderassen und auch die Welpen in ihrer Entwicklung und Veranlagung individuell sehr verschieden sind, kann man keinen einheitlichen Futterplan für alle Welpen aufstellen.
Grundsätzlich gilt, daß bei Abwechslung im Futterplan die Wahrscheinlichkeit, alle Nährstoffe in einer für den jeweiligen Welpen verwertbaren Form zuzuführen, sicher am größten ist. Der Fleisch- oder Eiweißanteil darf nicht zu hoch gewählt werden, Ballaststoffe wie Haferflocken, Karotten oder Obst, die Elektrolyte und Mineralstoffe enthalten, sind reichlich zuzuführen.

Besonders bei Fertigfutterarten, die Trockenfutter, Gemüse und Flocken enthalten, sollte man für Welpen großer Rassen möglichst 1/3–1/4 Futterhaferflocken oder Vollkornflocken zusetzen.

Der Zusatz von Kalk und Spurenelementen ist sicher oft notwendig, aber unbedingt an der unteren Grenze der angegebenen Menge zu halten.

Voraussetzung für eine gesunde Entwicklung der Welpen ist eine wirksame und ausreichende Entwurmung, möglichst mit Kontrolluntersuchung des Kotes. Bei der Entwurmung der Welpen ist auf pflanzliche Entwurmungsmittel, deren Wirkung in einer Abtreibung der Würmer durch Erzeugung eines tagelang anhaltenden Durchfalls besteht, wegen der Schädigung der Darmflora und der Schwächung der Welpen zu verzichten. Neuerdings sind bei vielen Welpen nicht nur die schon immer bekannten Spulwürmer, Hakenwürmer oder Peitschenwürmer, sondern auch in zunehmendem Maße Coccidien, das sind einzellige Darmparasiten, zu beobachten. Sie verursachen hartnäckige Durchfälle und Entwicklungsstörungen. Wirksame Medikamente gibt es nur über den Tierarzt. Einen wichtigen Hinweis für einen solchen Befall hat man, wenn Welpen ihren eigenen Kot oder den ihrer Geschwister fressen, der bei näherem Hinsehen auch unverdaut erscheint.

Manchmal können erst mehrere Kotuntersuchungen den Nachweis für einen Coccidienbefall geben.

Fettleibigkeit

Fettleibigkeit oder Übergewicht der Hunde ist zu einem echten Problem unserer Hundehaltung geworden. Das ausgezeichnet zusammengesetzte, alle Nahrungsstoffe im richtigen Verhältnis und der richtigen Menge enthaltende Fertigfutter, gleich welcher Art, aber auch unsere eigene Unzulänglichkeit, mit der wir unserem Liebling immer noch ein Häppchen extra zukommen lassen, haben dazu geführt, daß viele Hunde weit mehr Energie aufnehmen, als sie in ihrem ruhigen, gesicherten Leben verbrauchen. Sicher gibt es Erkrankungen, die mit einer Zubildung von Fettgewebe einhergehen, wie viele Hormonstörungen, z.B. der Schilddrüse, der Nebennierenrinde, auch Fehlfunktionen der Geschlechtsdrüsen. Hormonspritzen und Hormontabletten sowie die Verabreichung von Cortison führen bei vielen Hunden zu einem fast nicht zu bremsenden Appetit und entsprechendem Fettansatz.

Man sollte dennoch bedenken, daß z.B. ein Dakkel zur Deckung seines Eiweißbedarfes nur 30–40 Gramm Fleisch für den ganzen Tag benötigt, dazu nur ein paar Haferflocken, vielleicht eine Möhre oder ein Stück Apfel. Bei den meisten Trockenfutterarten dürfte so ein Hund nur 4–5 Bröckchen am Tage aufnehmen, da er aufgrund seiner Fettleibigkeit sich ja kaum noch bewegt. Auch alle Softfutter sind extrem nährstoffreich. Wir müssen also auch beim Hund lernen, die Nahrung kalorienbewußter zusammenzustellen. Alle Süßigkeiten und Extra-Häppchen müssen wegbleiben. Genehmigt wird nur ein Stückchen Knäckebrot (ohne Butter natürlich).

Man sollte die Portionen rationieren oder sogar abwiegen. Das Argument, daß ein Hund sich auf eine solche Nahrung nicht umstellen lasse, trifft in den seltensten Fällen zu. Ein Hund, der 2 oder 3 Tage gehungert hat, ist nicht mehr wählerisch und nimmt alles, was ihm angeboten wird.

Es geht jedoch nicht einfach um Schönheit oder Aussehen des Hundes, sondern in erster Linie um seine Gesundheit und sein Wohlbefinden. Vorzeitige Fetteinlagerung in Leber, Niere oder Herz führt zu Erkrankungen und Funktionsstö-

rungen, wie in den entsprechenden Kapiteln beschrieben. Übergewichtige Hunde haben eine wesentlich größere Abnutzung der Wirbelsäule, Knochen und Gelenke. Beschwerden der Wirbelsäule und Gelenkschmerzen treten bei fettleibigen Hunden viel häufiger auf und sind viel langwieriger als bei schlanken Tieren.
Schon aus diesen genannten Gründen sollten uns Aufwand und Disziplin für eine vernünftige Fütterung nicht zuviel sein.
Im folgenden werden nun einzelne homöopathische Arzneimittel genannt, die Organfunktion und Stoffwechsel günstig beeinflussen und so bei richtiger Fütterung das Abnehmen sehr erleichtern können.
Für die Tiere mit einer vergrößerten Schilddrüse oder Fettleibigkeit, die damit im Zusammenhang stehen könnte (sie sind meist träge und aufgeschwemmt), haben sich jodhaltige Arzneimittel bewährt:

Fucus vesiculosus

Fucus vesiculosus, der Blasentang, hat sich auch beim Hund bewährt, wenn eine Schilddrüsenunterfunktion bzw. -fehlfunktion als Ursache der Fettleibigkeit angenommen werden kann.
Dosierung: *Fucus vesiculosus D3*, 2× täglich 1 Dosis.

Jodum

Jodum, das reine Jod, gibt man beim Hund meist in Einzeldosen 1–2× pro Woche für ca. 3–4 Wochen, wenn die Fettleibigkeit mit großem Hunger und hervortretenden Augen einhergeht.
Dosierung: *Jodum D12* oder *D30*, 1–2× pro Woche.

Kalium jodatum, Kalium carbonicum

Die beiden Mittel sind bei älteren Hunden angezeigt, deren Fettleibigkeit bereits zu einer Herzüberlastung mit Lungenödem (Kalium jodatum) oder zu einer Nierenstörung mit Lungenödem (Kalium carbonicum) geführt hat. Oft treten beide Krankheitskomplexe zusammen auf, und man kann die Mittel auch kombiniert miteinander anwenden.
Dosierung: *Kalium jodatum D3, Kalium carbonicum D4*, je 2× täglich 1 Dosis für einige Wochen oder auch längere Zeit.

Thuja

Thuja greift ebenfalls tief in den Stoffwechsel ein. Tiere, die *Thuja* brauchen, sind meist eher dunkel pigmentiert und haben Warzen. Sie sind unkompliziert und folgsam, neigen zu Verstopfung und Ekzemen mit Haarausfall und Einlagerung von schwarzem Pigment.
Sie sind empfindlich gegen Kälte und Nässe.
Man kennt von *Thuja* den dicken, aufgeschwemmten (hydrogenoiden) Typ, aber auch den schlanken, mageren Typ.
Dosierung: *Thuja D15*, 1× täglich 1 Dosis für ca. 3–4 Wochen.

Graphites

Dieses bei den Hautkrankheiten schon beschriebene Mittel paßt für fettleibige, gutmütige, äußerst gefräßige Hunde, die zu Ekzemen mit honigartigem Sekret und Schwielenbildung an den Innenachseln und Innenschenkeln neigen. Graphites greift ebenfalls regulierend in die Funktion verschiedener Drüsen ein.
Dosierung: *Graphites D6*, 2× täglich 1 Dosis.

Pulsatilla

Pulsatilla kann versucht werden bei Hündinnen, die nach der Sterilisation zur Fettleibigkeit neigen. Gerade hierbei muß aber betont werden, daß die Fettleibigkeit nach dem Sterilisieren in vielen Fällen eine Frage der nicht an das gleich-

mäßige und zyklusfreie Leben der Hündin angepaßten Fütterung ist, die unbedingt entsprechend reduziert werden muß.
Dosierung: *Pulsatilla D4*, 2× täglich 1 Dosis.

Abmagerung

Die Abmagerung ist viel seltener ein Problem unserer Hunde als die Fettleibigkeit. Tiere, die abmagern, haben meist ernsthafte organische Veränderungen oder Störungen. Bei älteren Tieren kommen in erster Linie Tumore der verschiedensten Organe in Betracht, daneben aber auch Leber- oder Nierenstörungen und Herzinsuffizienz. Bei jüngeren Tieren spielen nicht erkannte Darmparasiten, auch Bandwürmer oft eine Rolle. Daneben können alle schweren Erkrankungen, wie Virusinfektionen, Vergiftungen usw., zu Abmagerung führen.
Entsprechend der Ursache müssen auch die in Frage kommenden homöopathischen Arzneimittel gewählt werden.

China

China ist das Mittel für Schwäche und Abmagerung nach Säfteverlust. Dieser »Säfteverlust« kann Erbrechen oder Durchfall oder ein Blutverlust gewesen sein, aber auch Säfteverlust bei der Geburt und beim Säugen der Welpen zählen dazu.
Dosierung: *China D6*, 2× täglich 1 Dosis für 1–2 Wochen.

Acidum phosphoricum

Acidum phosphoricum wurde bei der Abmagerung und Schwäche nach dem Absetzen der Welpen schon erwähnt. Es ist ein Mittel für körperliche und psychische Überanstrengung.
Dosierung: *Acidum phosphoricum D6*, 2× täglich 1 Dosis für 1 Woche.

Lycopodium

Lycopodium ist das Mittel, wenn die Abmagerung durch Leber- oder Nierenstörung hervorgerufen wird; die Tiere fressen schlecht, neigen zu Verdauungsstörungen usw. (s. Leber- und Nierenmittel, S. 55 ff.).
Dosierung: *Lycopodium D30*, 1× täglich 1 Dosis.

Arsenicum album

Arsenicum album paßt für Tiere, die nach einer Erkrankung schlapp und abgemagert sind und eine Störung der Nierenfunktion haben. Es steigert die Funktion von Niere, Leber und Darm.
Dosierung: *Arsenicum album D12*, 1× täglich 1 Dosis.

Natrium muriaticum

Auch *Natrium muriaticum* kann Abmagerung infolge Stoffwechselstörung haben. Meist kommt die schlechte Futteraufnahme durch psychische Störungen (Umgebungswechsel, Besitzerwechsel) dazu. Ernährungsumstellung!
Dosierung: *Natrium muriaticum D12*, 1× täglich 1 Dosis, evtl. auch *D30* im Abstand von 1 Woche.

Anhang

Liste der im Text genannten Arzneimittel

Acidum phosphoricum
Bei Erschöpfung und Abmagerung, nach der Geburt, nach dem Absetzen der Welpen, nach hoher Säugeleistung. D6 oder D8

Aconitum
Aconitum napellus, der Blaue Eisenhut oder Sturmhut, Infektions- und Fiebermittel für hochakute, hochfieberhafte Infektionen in den ersten Stunden der Erkrankung, wenn der Krankheitsherd noch nicht zu lokalisieren ist. D4

Aloe
Aloe socotrina, bei Enddarmentzündung, Kotabsatz schmerzhaft. D3

Ammonium jodatum
Ammoniumjodid, bei Bronchitis und beginnender Lungenentzündung (Bronchopneumonie) mit Rasselgeräuschen und Atemnot, der Schleim sitzt fest. D4

Apis
Apis mellifica, die Honigbiene, bei allen Entzündungen von Haut und Schleimhaut, die mit hellroter, ödematöser Schwellung und hoher Schmerzhaftigkeit einhergehen, z.B. ödematöse Entzündung von Bindehaut, Zahnfleisch, beim Zwischenzehenekzem, bei Scheidenentzündung mit Bläschen, bei Entzündung einzelner Gesäugekomplexe. Kalte Umschläge bessern.
Weiterhin zur Regulation bei Hündinnen, die alle 3–4 Monate läufig werden mit Verdacht auf Eierstockzysten. D4

Aristolochia
Aristolochia clematitis, die Osterluzei, wirkt regulierend und entzündungshemmend auf weibliche Geschlechtsorgane (Eierstock, Gebärmutter usw.), z.B. Gebärmutterentzündung nach der Geburt, bei Hündinnen mit Scheidenentzündung, die schlecht aufnehmen und bräunlichen Ausfluß am Ende der Läufigkeit zeigen. Behandlung von hormonell bedingten Hautkrankheiten. D15

Arnica
Arnica montana; der Wohlverleih oder Bergwohlverleih, wichtigstes Mittel zur Behandlung von frischen Wunden, Blutergüssen, Schockzuständen und Blutverlusten, frischen Verstauchungen, Prellungen usw. D4
Äußerlich: *Arnica extern* (Wundreinigung) und *Arnica-Salbe*

Arsenicum album
Das weiße Arsenik, bei faulig riechendem Durchfall mit großer Schwäche und Erbrechen, auch nach Aufnahme von verdorbener Nahrung, bei Parvovirose (unterstützend), wichtiges Leber- und vor allem Nierenmittel bei oder nach schweren Erkrankungen mit Abmagerung, „Altersmittel", versuchsweise beim Grauen Star, bei Hautkrankheiten, die auf eine gestörte Nierenfunktion zurückzuführen sind und dem *Arsenicum-album-*Bild entsprechen. D6, D12

Asa foetida
Der Stinkasant, bei äußerst schmerzhafter, hartnäckiger Gesäugeentzündung, Gesäuge dabei wenig warm und wenig geschwollen. D4

Belladonna
Atropa belladonna, die Tollkirsche, Infektions- und Fiebermittel für akute, fieberhafte Infektion, Krankheitsherd lokalisiert. D4

Berberis
Berberis vulgaris, die Berberitze oder der Sauerdorn, Blasen-und Nierenbeckenentzündung, die schon einige Tage besteht, regt die Nierenfunktion an. D4

Borax
Natriumtetraborat, Natriumsalz der Borsäure, bei Zahnfleischentzündung mit kleinen, schmerzhaften Geschwüren. D3

Bryonia
Bryonia dioica, die Rotbeerige Zaunrübe oder Teufelsrübe, für akute Erkrankungen mit hochgradiger Schmerzhaftigkeit und Verschlimmerung durch jede Berührung und Bewegung, z.B. bei Distorsion (Verstauchung) und beginnender Dackellähme, bei trockenem, quälendem Reizhusten mit Brustfellentzündung. D4

Calcium carbonicum
Calcium carbonicum Hahnemannii, aus dem Austernschalenkalk, Welpen- und Jungtiermittel für auf den ersten Blick kräftige Welpen und Junghunde mit starken Knochen, Hängebauch und Bindegewebsschwäche, mit großem Appetit und Vorliebe für Eier. Sie neigen zu säuerlich riechenden Durchfällen, wiederkehrenden Erkrankungen der Atemwege, verzögertem Fellwechsel, Welpenekzem am Unterbauch, Wachstumsstörungen. Wichtiges Mittel bei der unterstützenden Behandlung von Frakturen, versuchsweise bei Grauem Star. D12, D30

Calcium fluoratum
Calciumfluorid, unterstützend bei der Behandlung von Frakturen, wenn eine ganz schlechte Heiltendenz besteht und die Hunde eine ausgeprägte Bindegewebs- und Bänderschwäche zeigen. D4

Calcium phosphoricum
Calciumhydrogenphosphat, Welpen- und Jungtiermittel für eher zartgliedrige, ängstlich-nervöse Hunde, Knochen sind zerbrechlich (Zwergpudel, Rehpinscher usw.), sind eher schlechte Fresser. Behandlung von Wachstumsstörungen, unterstützende Behandlung von Frakturen. D8

Calendula
Calendula officinalis, die Ringelblume, bei verschmutzten, entzündeten, älteren Wunden, besonders Rißwunden. D2
Äußerlich: *Calendula extern* (wichtigstes Wundreinigungsmittel) und *Calendula-Salbe*

Cantharis
Lytta vesicatoria, die Spanische Fliege (ein Käfer), wichtigstes Mittel für akute Blasenentzündung und Nierenbeckenentzündung mit Harndrang, auch beim Harnträufeln der Hündinnen. D4

Carbo vegetabilis
Die Holzkohle, bei Erkrankungen mit großer Schwäche und blaßblauen Schleimhäuten, z.B. bei schweren Durchfällen: der Kot läuft passiv aus dem After aus, auch bei hartnäckigen Verdauungsstörungen mit polterndem Darmgeräuschen. D8

Caulophyllum
Caulophyllum thalictroides, Frauenwurzel oder Blauer Hahnenfuß, fördert die Geburt und die Wehentätigkeit. D4

Causticum
Causticum Hahnemannii, aus gebranntem Kalk unter Zugabe von schwefelsaurem Kalium, bei mehr chronischen Entzündungen von Haut oder Schleimhaut mit Rötung und klebrig-pappigem Sekret, z.B. bei Gehörgangsentzündung, verstopften und entzündeten Analdrüsen, bei Heiserkeit und Hüsteln der Hunde, Neigung zu Verhornung und Wulstbildung: Wulstbildung des Gehörgangknorpels, harte, hornartige Warzen der Haut, außerdem bei bestimmten Formen der Scheinträchtigkeit. D12

Chamomilla
Die Kamille, bei schmerzhaften Blähungen und Verdauungsstörungen der Welpen. D2

Chelidonium
Chelidonium majus, das Schöllkraut, wichtiges Lebermittel, Kot gelblich, Neigung zu Blähungen. D4

China
Chinarindenbaum, bei Schwäche und Abmagerung nach Säfteverlust, z.B. schwere Durchfälle, nach der Geburt, nach der Säugezeit, nach Blutverlust. D6

Cocculus
Amirta cocculus, die Kockelskörner, wichtiges Mittel bei der Behandlung der Fahrkrankheit. D6

Colocynthis
Die Koloquinte, Mittel für starke, kolikartige Bauchschmerzen mit aufgekrümmtem Rücken, Schmerzmittel bei Erkrankungen der Wirbelsäule, besonders auch der Halswirbelsäule. D4

89

Convallaria

Convallaria majalis, das Maiglöckchen, bei Herzrhythmusstörungen, besonders im Sommer bei großer Hitze. D3

Crataegus

Crataegus oxycantha und *C. monogyna*, der Weißdorn, »Pflegemittel des Herzens«, beim sog. Altersherz. D1

Cuprum aceticum

Kupferacetat, bei trockenem, krampfartigem Husten, der sich nicht lösen will. Der Kopf wird beim Husten nach vorn und unten gehalten. D4 oder D6
Auch bei krampfartigem, asthmaähnlichem Husten oder Hüsteln. (D30)

Digitalis

Digitalis purpurea, der Rote Fingerhut, bei Herzerkrankungen mit Verlangsamung der Herzfrequenz. D3

Drosera

Drosera rotundifolia, der Sonnentau, bei Bronchitis mit krampfhaftem, anfallsweisem Husten und Rasseln. D3

Euphrasia

Euphrasia officinalis, der Augentrost, bei akuter Bindehautentzündung mit wundmachendem Tränenfluß, bei frischen Hornhautverletzungen. D2
Äußerlich: *Euphrasia* extern (Reinigung der Augen), *Euphrasia* comp. Augensalbe

Ferrum phosphoricum

Ferriphosphat, Infektions- und Fiebermittel für weniger akute, aber hartnäckige Infektionen, Temperatur geringgradig erhöht, Jungtiermittel, bewährt auch bei Mittelohrentzündung. D8

Flor de Piedra

Steinblüte, intensive Leber- und Nierenwirkung, besonders bei Vergiftungen. D3 oder D4

Fucus vesiculosus

Blasentang, unterstützende Behandlung der Fettleibigkeit bei Schilddrüsenunterfunktion oder -fehlfunktion. D3

Graphites

Graphit oder Reißblei, bei chronischen Veränderungen der Haut mit klebrigem, honigartigem Sekret ohne Schmerzhaftigkeit, z. B. Gehörgangsentzündung, Entzündung oder Verstopfung der Analdrüsen, chron. Ekzeme mit Verdickung der Haut, ein Mittel für fettleibige, gefräßige, gutmütige Tiere. D6

Hamamelis

Hamamelis virginica, die Virginische Zaubernuß, Mittel für dunkelrote Blutungen oder Blutergüsse. D3

Harpagophytum

H. procumbens, die Teufelskralle, bei Verkalkungen an der Lendenwirbelsäule und Arthrosen der Hüftgelenke. D2

Hepar sulfuris

Calcium sulfuratum Hahnemannii, die Kalkschwefelleber, Mittel für akute Eiterungen mit hochgradiger Schmerzhaftigkeit und Berührungsempfindlichkeit, fördert Abkapselung und Abszeßbildung z. B. bei entzündeten Wunden, Bißverletzungen, Gehörgangsentzündung, Analbeutelabszeß, Zwischenzehenabszeß, eitrigem Leckekzem. D8

Hypericum

Hypericum perforatum, das Johanniskraut, bei Verletzung von Nerven oder Nervenquetschung mit Schmerzen. D4 oder D6
Äußerlich: *Hypericum*-Öl zur Wundbehandlung

Ignatia

Strychnos ignatia, die Ignatiusbohne, bei Scheinträchtigkeit mit Verhaltensstörungen. D30

Ipecacuanha

Brechwurzel, bei quälendem, lang dauerndem Hustenreiz mit Brechreiz bei Erbrechen und Rasselgeräuschen, Brechen und Brechreiz bei Verdauungsstörungen (Gastritis). D6

Jodum

Jod, bei Fettleibigkeit infolge Schilddrüsenfehlfunktion mit hervortretenden Augen und großem Hunger. D12, D30

Kalium bichromicum

Kaliumdichromat, wenn Gelenk- und Sehnenscheidenergüsse sich nur zögernd zurückbilden. D4, D6, D30

Kalium carbonicum
Kaliumcarbonat, Mittel für Herz und Niere bei älteren Hunden mit massigem Körper und dünnen Beinen, Lungenödem infolge Herzüberlastung und Nierenstörung. D4

Kalium jodatum
Kaliumjodid, bei hartnäckigem, trockenem Husten, der sich nicht lösen will, bewährt auch beim »Zwingerhusten« der Welpen und Junghunde. D3

Kreosotum
Buchenholzkreosot für Zahnfleischentzündung mit stinkenden, tiefen Geschwüren. D4

Lachesis
Lachesis mutus, das Gift einer Viper, Infektions- und Fiebermittel für akute fieberhafte Infektion mit Neigung zur allgemeinen Sepsis, bei Mandelentzündung und Vergrößerung der Halslymphknoten, besonders links. D8

Lachnanthes
Lachnanthes tinctoria, die Rotwurzel, bei Spondylosen und Bandscheibenverkalkung an der Halswirbelsäule. D3

Laurocerasus
Prunus laurocerasus, der Kirschlorbeer, bei schweren Herzerkrankungen mit Veränderungen an den Herzklappen, die zu Stauungen in der Lunge führen. Akuter Zustand: D1, sonst D3

Ledum
Ledum palustre, der Sumpfporst, für bläulich/rötliche, schmerzhafte Stichwunden, auch bei entsprechend aussehenden Zeckenbissen. D4

Lycopodium
Lycopodium clavatium, der Bärlapp, tiefgreifendes Leber-, Nieren- und Darmmittel, für »Schnäuber«: der Hund geht zum Futternapf hin, nimmt aber nur wenig oder gar nichts, ißt erst abends oder nachts, nimmt selten zweimal dasselbe Futter, ist eher mager. D6, D12

Magnesium phosphoricum
Magnesiumphosphat, für wässrigen, säuerlich riechenden, immer wiederkehrenden Durchfall mit schmerzhaften Blähungen, besonders bei Welpen und Junghunden, bei Schluckauf der Welpen. D8

Mercurius solubilis
Mercurius solubilis Hahnemannii, ein Gemenge aus verschiedenen Quecksilberverbindungen, bei allen Schleimhautentzündungen mit Geschwüren und wundmachendem Sekret, z. B. Gehörgangsentzündung, Bindehautentzündung, Hornhautentzündung, Zahnfleischentzündung, Mandel- und Rachenentzündung, Darmerkrankung (Durchfall), Enddarmentzündung, Blasenentzündung mit stark blutigem Urin, nässendes Leckekzem und Zwischenzehenekzem, Scheidenentzündung, grobknotige Verhärtung im Gesäuge. D8

Myristica sebifera
Bei Eiterungen, die weniger akut und nicht so schmerzhaft sind wie bei Hepar sulfuris, »homöopathisches Messer«. D3

Natrium muriaticum
Potenziertes Kochsalz, wichtiges Mittel bei Hautkrankheiten, für hartnäckige, juckende Ekzeme, besonders in den Gelenkbeugen. Hunde, die *Natrium muriaticum* brauchen, haben ein eigenwilliges Temperament, sind aggressiv gegen Artgenossen, wollen sich von Fremden nicht anfassen lassen, auch anzuwenden bei Abmagerung, wenn das übrige Bild paßt. D6, D30

Nux vomica
Strychnos Nux vomica, die Brechnuß, wichtigstes Mittel für Verdauungsstörungen mit Erbrechen, Durchfall und Blähungen, besonders nach Aufnahme von zuviel oder nicht artgerechtem Futter, schmerzhafte Blähungen, gekrümmter Rücken, Kotdrang, löst Spasmen und Schmerzen auch bei Verstopfung mit Kotdrang, wichtigstes Mittel bei Erkrankungen der Wirbelsäule, die mit Schmerzen einhergehen, außerdem Behandlung der Fahrkrankheit, wenn die Hunde im Auto unruhig, nervös und übererregt sind. D6

Phosphor
Gelber Phosphor, bei Bronchitis mit Hustenreiz in klarer Luft, bei Aufregung, abends und nachts, paßt gut für lebhafte, eher zierliche Tiere, die nicht gern allein bleiben, auch für das Hüsteln dieser Hunde. D6, D8, D30

Phytolacca
Phytolacca decandra, die Kermesbeere, bei schmerzhaften Entzündungen, Vergrößerungen und Verhärtungen von Drüsen, z.B. Halslymphknoten, Gesäugeentzündung, bei Milchmangel nach der Geburt, D3, D6. Bei Milchstau: D1

Plumbum aceticum

Bleiacetat, Mittel für schlaffe Lähmungen, bei Dackellähme, Verstopfung mit schlaffem, atonischem Darm. D6

Podophyllum

Podophyllum peltatum, der Maiapfel oder Entenfuß, bei wässrigen, hellen oder grünlichen Durchfällen, die wie Wasser aus dem After schießen. D6

Pulsatilla

Pulsatilla pratensis, die Wiesenküchenschelle oder Kuhschelle, besonders für anhängliche, liebebedürftige Hündinnen. *Pulsatilla* wirkt regulierend auf die Funktionen des Eierstocks und der weiblichen Geschlechtsorgane ein, daher Anwendung bei: verlängerter Läufigkeit, verzögertem oder ausbleibendem Eisprung, bei Scheinträchtigkeit und Dysregulationen nach der Läufigkeit, Geburtsvorbereitung, Milchmangel nach der Geburt. Alle Entzündungen der Schleimhäute haben ein gelbliches oder grünliches *nicht* wundmachendes Sekret, z.B. Gehörgangsentzündung, Scheidenentzündung, auch bei hormonell bedingten Hautkrankheiten. D4

Rhus toxicodendron

Giftsumach, Bändermittel, für Verstauchungen und Lahmheiten, die sich bei Bewegung bessern. Nachbehandlung von Wirbelsäulenerkrankungen, bei juckenden Ekzemen mit kleinen Rötungen und Pusteln, bei bestimmten Formen des Zwischenzehenekzems. D6, D30

Sabina

Juniperus sabina, der Sadebaum, wichtiges Mittel bei Gebärmutterentzündung nach der Geburt. D3

Sepia

Sepia officinalis, der Tintenfisch, Mittel für ältere, weibliche Tiere mit ausgeprägter Bindegewebsschwäche, Hängegesäuge, Haarausfall vor der Läufigkeit, versuchsweise beim Harnträufeln der älteren Hündin, für die Behandlung der Enddarmentzündung und Enddarmerweiterung (auch beim Rüden). D6

Silicea

Kieselsäure, wichtiges Bindegewebs- und Bändermittel, für die Nachbehandlung von schlecht heilenden Wunden, Abszessen oder Eiterungen. D6, D12

Spongia

aus dem Badeschwamm, für das »Hüsteln« aufgeregter, kleiner Hunde mit Schilddrüsenvergrößerung. D30

Solidago

Solidago virgaurea, die Goldrute, Nierenfunktionsmittel, bei Nierenschädigungen, meist zusammen mit *Berberis* oder *Arsenicum album* angewandt. D2

Staphisagria

Delphinum staphisagria, das Stephanskraut, Behandlung von Schnittwunden und Operationswunden bei empfindlichen Hunden mit viel Juckreiz bei der Wundheilung, auch für kleine, höckrige, stark juckende oder blutende Warzen nervöser Hunde, besonders an Augenlid und After. D6, D30

Sulfur

der sublimierte Schwefel, wichtigstes Mittel bei Erkrankungen der Haut, Anfangsmittel bei Hauterkrankungen, wirkt über die Leber als »Entgiftungsmittel«, bei Haarbruch, verlängertem Haarwechsel, schlechtem Fell, Schuppen, Sulfur-Typ s. Hautkrankheiten. D12, D30

Symphytum

Symphytum officinale, Beinwurz oder Beinwell, Verletzung von Knochenhaut und Knochen, unterstützende Behandlung von Frakturen (Knochenbruch). D1 oder D2

Tabacum

Tabak, Behandlung der Fahrkrankheit bei großer Schwäche und Übelkeit. D6

Thuja

Thuja occidentalis, der abendländische Lebensbaum, Warzenmittel für kleine, mehr blumenkohlartige, dunkel pigmentierte Warzen, auch bei Fettleibigkeit von Hunden, die dem Thuja-Bild entsprechen. D6, D15

Urtica urens

Brennessel, Mittel für Juckreiz bei Rötungen, kleinen Pusteln und Quaddeln. D3

Veratrum album

Weiße Nieswurz oder Germer, bei großer Schwäche nach starkem Erbrechen und reiswasserähnlichen Durchfällen, Kollapsmittel. D4, D6

Literaturverzeichnis/Literaturhinweise

GEBHARD, K. H. (Hrsg.): Beweisbare Homöopathie, 2. Aufl., Karl F. Haug Verlag, Heidelberg 1986
MEZGER, J.: Gesichtete Homöopathische Arzneimittellehre, Band 1 und 2, 4. Aufl., Karl F. Haug Verlag, Heidelberg 1977
MÜLLER, R.: Wirksamkeitsnachweis homöopathisch aufbereiteter Verdünnungen im biochemischen Versuch, aus: »Der praktische Tierarzt«, Collegium veterinarium 4/85, Schlüter'sche Verlagsanstalt u. Druckerei, Hannover
NASH, E. B.: Leitsymptome in der Homöopathischen Therapie, 6. Aufl., Karl F. Haug Verlag, Heidelberg 1959
NIEMAND, H. G.: Praktikum der Hundeklinik, 4. Aufl., Verlag Paul Parey, Berlin und Hamburg 1980
VOEGELI, A.: Leit- und Wahlanzeigende Symptome der Homöopathie, 1. Aufl., Karl F. Haug Verlag, Heidelberg 1984
WIESENAUER, M.: Homöopathie, ein individueller, schonender Weg zur Heilung, 2. Aufl., Hippokrates Verlag, Stuttgart 1983
WIESENAUER, M.: Homöopathische Heilmittel, 2. Aufl., Hippokrates Verlag, Stuttgart 1984
WOLTER, H. (Hrsg.): Homöopathie für Tierärzte, Band 1 u. 2, Schlüter'sche Verlagsanstalt u. Druckerei, Hannover 1978 u. 1980
WOLTER, H. (Hrsg.): Homöopathie für Tierärzte, Band 36, Verlag W. Gilliar, Waghäusel 1981, 1982, 1983, 1986

Sachregister

Abmagerung 87
Abszeß 20 ff.
Acidum phosphoricum 82, 87
Aconitum 13, 32, 33
Actihaemyl-Augengel® 39
Ähnlichkeitsregel 8, 14
Agnus castus 78
Allopathie 8, 14
Aloe 55
Altersherz 61
Altersmittel 42
Ammonium jodatum 48
Analbeutel, Erkrankungen 63
Analbeutelabszeß 64
Apis 20, 40, 44, 70, 73, 74, 77
Aristolochia 69, 73 ff.
Arnica 17 ff., 24 ff.
Arnica Extern 17, 19
Arnica-Salbe 17, 19
Arsenicum album 42, 52, 54, 56, 58, 67, 87
Arzneimittelbild 9, 14
Arzneimittelprüfung 9, 14
Asa foetida 78
Atemwegserkrankungen 46

Augentrost, s. Euphrasia 40
Ausgangsstoffe 13
Ausheilung (v. Wunden) 22
Austernschalenkalk s. Calcium carbonicum 27

Badeschwamm, s. Spongia 49
Bändermittel 25
Bärlapp, s. Lycopodium 56
Bandscheibenvorfall 28 ff.
Beinwell, s. Symphytum 26, 27
Beinwurz, s. Symphytum 26, 27
Belladonna 9, 13, 33
Berberis 57, 58
Berberitze, s. Berberis 57, 58
Bergwohlverleih, s. Arnica 17
Bewegungsapparat, Erkrankung des 23 ff.
Bindehautentzündung 38 ff.
Blähungen, s. Darmerkrankungen 52 ff.
Blähungen Welpen 83
Blasenentzündung 57
Blasentang, s. Fucus vesiculosus 86

Blauer Eisenhut, s. Aconitum 32
Bleiacetat, s. Plumbum aceticum 31
Bluterguß 19
Blutverlust 19
Borax 43
Brechnuß, s. Nux vomica 29, 52
Brechwurzel, s. Ipecacuanha 46, 52
Brennessel, s. Urtica urens 70
Bronchien 45 ff.
Bronchitis 46 ff.
Bronchopneumonie 46 ff.
Bryonia 24, 30, 32, 47
Buchenholzkreosot, s. Kreosot 43

Calcium carbonicum 13, 27, 41 ff., 68, 82 ff.
Calcium fluoratum 13, 25, 27
Calciumfluorid, s. Calcium fluoratum 13, 27
Calcium phosphoricum 13, 27, 82, 83
Calcium-Salze 13, 27
Calcium sulfuratum Hahnemannii, s. Hepar sulfuris 21

93

Calendula 17, 18
Calendula Extern 17, 20 ff., 36, 69
Calendula-Salbe 17, 20, 21, 35, 36, 70
Cantharis 13, 57 ff.
Carbo vegetabilis 53/54
Caulophyllum 75 ff.
Causticum 36, 37, 42, 49, 60, 65, 71, 80
Chamomilla 83
Chelidonium 55
China 53/54, 81, 87
Chinarindenbaum, s. China 53, 54
Chinarindenversuch 8
Cinchona succirubra, s. China 53, 54
Cocculus 71/72
Colocynthis 30, 32
Conium 78
Conjunctisan-B-Augentropfen® 39
Convallaria 62
Cralonin® 62
Crataegus 61, 62
Crataegutt® 62
Cuprum aceticum 46 ff.
Cystitis 57

Darm, Erkrankungen 50 ff.
Darmverstopfung 54
Diät 50 f.
Digitalis 62, 63
Dilution 11 ff.
Diskopathie 28 ff.
Distorsion 23 ff.
Doppelblindversuch 9
Dosierung 12
Dosis 12, 14
Drosera 46
Durchfall 52 ff.

Eisenhut s. Aconitum 32
Ekzem, allergisches 70
Ekzem, juckendes 70
Enddarm, Entzündung u. Erweiterung 54
Entenfuß, s. Podophyllum 53
Entgiftungsmittel 66
Erbrechen 52 ff.
Erschöpfung, nach der Geburt 81
Euphrasia 40, 41
Euphrasia comp. Augensalbe 39
Euphrasia Extern 39

Fahrkrankheit 71 ff.
Fellstörung 66
Fellstörung, nach der Geburt 81, 82
Ferrum phosphoricum 34 ff.
Fettleibigkeit 85
Fiebermittel 9, 32 ff., 46
Fingerhut, Roter, s. Digitalis 62
Flor de Piedra 56
Fraktur 26 ff.
Frauenwurzel, s. Caulophyllum 75 ff.
Fruchtbarkeitsstörungen 72 ff.
Fucus vesiculosus 86

Gebärmutterentzündung 76
Geburt 74 ff.
Geburtsvorbereitung 74 ff.
Gehörgangsentzündung, akute 35
Gehörgangsentzündung, chronische 37, 38
Gehörgangsentzündung, eitrige 36
Gehörgangsentzündung, subakute 36, 37
Germer, s. Veratrum album 53
Gesäugeentzündung 76, 77
Giftsumach, s. Rhus toxicodendron 25, 70
Gingivitis 43, 44
Globuli 11, 14
Glossitis 43, 44
Goldrute, s. Solidago 59
Graphit, s. Graphites 37, 65
Graphites 37, 65, 68, 86
Grauer Star 42

Haarbruch 66 f.
Hämatom 19, 26
Hahnemann 8
Hahnenfuß, Blauer, s. Caulophyllum 75
Halslymphknoten, Entzündung 44
Halswirbelsäule 31 ff.
Hamamelis 19, 26
Harnträufeln 59 f.
Harnwege, Erkrankungen 56 ff.
Harpagophytum 31
Hauterkrankungen 65 ff.
Hauterkrankungen, hormonell 68 f.
Hepar sulfuris 21 ff., 36, 38, 64, 70
Herz, Erkrankungen 60 ff.
Herzhusten 46, 60 ff.

Herz »Pflegemittel« 61
Hochpotenz 10, 11
Holzkohle, s. Carbo vegetabilis 53
Homöopathie 8, 14
Honigbiene, s. Apis 40, 44
Hornhautentzündung 41 ff.
Hündin, trächtige 74 ff.
Hüsteln 49
Husten 46
Hustenmittel 46 ff.
Hypericum 17, 18
Hypericum-Öl 17, 20, 35, 36, 69, 71

Ignatia 80, 81
Ignatiusbohne, s. Ignatia 80, 81
Infektionsmittel 32 ff.
Ipecacuanha 46, 52

Jodum 86
Johanniskraut, s. Hypericum 17, 18

Kalium bichromicum 24, 41
Kalium carbonicum 49, 62, 86
Kaliumdichromat, s. Kalium bichromicum 24
Kalium jodatum 49, 86
Kalkschwefelleber, s. Hepar sulfuris 21
Kamille, s. Chamomilla 83
Keratitis 41 ff.
Kermesbeere, s. Phytolacca 44, 77
Keuschlamm, s. Agnus castus 78
Kieselsäure, s. Silicea 22, 80
Kirschlorbeer, s. Laurocerasus 63
Kniescheibe, lose 25 f.
Knochenbruch 26 ff.
Kochsalz, s. Natrium muriaticum 67, 68
Kockelskörner, s. Cocculus 71, 72
Kollapsmittel 62
Koloquinte, s. Colocynthis 30
Konjunktivitis 38 ff.
Kreislauf, Erkrankungen 60 ff.
Kreosotum 43
Kupferacetat, s. Cuprum aceticum 46

Lachesis 9, 13, 34, 44, 76
Lachnanthes 32
Lactatio falsa 80
Lähmung, schlaffe 28 ff., 55
Lähmung, spastische 28 ff.

94

Läufigkeit, Störungen 72 ff.
Laurocerasus 63
Lebensbaum, Abendländischer, s. Thuja 65, 71
Leber, Erkrankungen 55 ff.
Lebermittel 55 ff.
Lebertransalbe 20, 21, 71
Leckekzem 69 ff.
Ledum 20
Linsentrübung 42
Lunge 45 ff.
Lungenödem 49
Lycopodium 56, 59, 87
Lymphadenitis 44 f.
Lytta versicatoria, s. Cantharis 57

Magen, Erkrankung 50 ff.
Magnesium phosphoricum 53, 84
Maiapfel, s. Podophyllum 53
Maiglöckchen, s. Convallaria 62
Mandeln, Entzündung 44 f.
Mastitis 76 f.
Mercurius solubilis 36, 40 ff., 53 ff., 70, 74, 78
Milchmangel 78
Milchstau 79
Mineralbereich 13
Mittelohrentzündung 38
Modalitäten 9
Mönchspfeffer, s. Agnus castus 78
Mundhöhle 42 ff.
Myristica sebifera 22, 65

Natrium muriaticum 67, 68, 87
Natriumtetraborat, s. Borax 43
Nephritis 57 ff.
Niere 57 ff.
Nierenbeckenentzündung 57 ff.
Nierenmittel 57 ff.
Nieswurz, weiße, s. Veratrum album 53, 62
Nosoden 13
Nux vomica 29, 52, 54, 72, 84

Ohrmilben 35
Osterluzei, s. Aristolochia 69, 73
Otitis externa 35 ff.
Otitis media 38

Parvovirose 54
Pflanzenreich 13
Pharyngitis 43 f.
Phosphor 13, 41, 48 ff., 82

Phytolacca 45, 77 ff., 80
Placebo-Gruppe 9
Plumbum aceticum 31, 55
Podophyllum 53
Potenz 11 ff.
Potenzierung 9, 10, 14
Potenz, hohe 11
Potenz, mittlere 11
Potenz, tiefe 11
Pulsatilla 36, 65, 69, 72 ff., 80, 86
Prellungen 26
Pyelitis 57 ff.

Rachen, Entzündung u. Verätzung 42 ff.
Reißblei, s. Graphites 37, 68
Rhus toxicodendron, 25, 31, 70
Ringelblume, s. Calendula 17
Rotwurzel, s. Lachnanthes 32
Ruta 26

Sabina 76
Sadebaum, s. Sabina 76
Sauerdorn, s. Berberis 57
Scheidenentzündung 73 f.
Scheinträchtigkeit 80
Schierling, Gefleckter, s. Conium 78
Schnittwunden 20
Schock 19
Schöllkraut, s. Chelidonium 55
Schwefelblüte, s. Sulfur 66
Sepia 13, 55, 60, 69, 80
Silicea 22, 25, 65, 80
Simile 8 ff., 14
Simile-Regel 8, 9
Solidago 59
Sonnentau, s. Drosera 46
Spanische Fliege, s. Cantharis 57
Spondylose 29 ff.
Spongia 49
Staphisagria 20, 71
Star, Grauer 42
Stephanskraut, s. Staphisagria 20, 71
Steinblüte, s. Flor de Piedra 56
Stichwunden 20
Stinkasant, s. Asa foetida 78
Strychnos Nux vomica, s. Nux vomica 29
Sulfur 41, 65, 66, 70
Sumpfporst, s. Ledum 20
Symphytum 26/27

Tabacum 72
Tabletten 11, 12, 14
Teufelskralle, s. Harpagophytum 31
Teufelsrübe, s. Bryonia 24
Thuja 65, 71
Tierreich 13
Tintenfisch, s. Sepia 13, 69, 80
Tollkirsche, s. Belladonna 33
Tonsillitis 44 f.
Trituration 11, 14

Urtica urens 70
Urtinktur 10, 14

Vaginitis 73 f.
Veratrum album 52, 62
Verletzungen 14 ff.
Verreibung 11 ff.
Verrenkung 23 ff.
Verschüttelung 11
Verstauchung 23 ff.
Verstopfung 54
Verstopfung Welpen 84
Virginische Zaubernuß, s. Hamamelis 19

Warzen 71
Weinraute, s. Ruta 26
Weißdorn 61
Welpen, Aufzucht 84 f.
Welpen, Blähungen 83
Welpenmittel 68, 82 ff.
Welpen, Schluckauf 83
Welpen, Verstopfung 84
Wiesenküchenschelle, s. Pulsatilla 36, 72, 73
Wirbelsäule 28 ff.
Wundbehandlung 16 ff.
Wunden, alte u. infizierte 20 ff.
Wunden, Ausheilung 22
Wundreinigung 16 f.

Zahnfleischentzündung 43 f.
Zahnfleischverätzung 43 f.
Zaunrübe, Rotbeerige, s. Bryonia 24, 47
Zeckenbisse 19
Zubereitungsformen, homöopathische 11 f.
Zunge, Entzündung u. Verätzung 43 f.
Zwischenzehenekzem 70 f.

TIER-HOMÖOPATHIE
·ORIGINAL DHU·

AUCH WIR WOLLEN HOMÖOPATHIE · ORIGINAL DHU ·

DEUTSCHE HOMÖOPATHIE-UNION

DHU ARZNEIMITTEL · Postfach 41 02 80 · 7500 Karlsruhe 41